Le Rite Écossais Ancien et Accepté
un rite spiritualiste
pour une obédience traditionnelle

Sommaire

Illustration de couverture : bannière historique de l'Ordre Écossais.
Locaux du Suprême Conseil de France

Avertissement

Les textes publiés par Points de Vue Initiatiques n'expriment pas la position officielle de la Grande Loge de France. Ils engagent la responsabilité des auteurs qui signent les articles.
La qualité de Franc-maçon n'est pas requise des auteurs qui collaborent à cette revue.

Directeur de la Publication
Yves-Max Viton
Grand Maître de la Grande Loge de France
Directeur de la Rédaction
José Barthomeuf
Rédacteur en chef
Alain Pozarnik
Rédacteur en chef adjoint
Bernard Bouchard
Secrétaire de Rédaction
Sabine Forgeot
Illustrations
Michel Rougé
Iconographie
Pierre Rosenwald
Archiviste
François Rognon
Directeur artistique
Dimitri Davidenko
Impression R2N impression
40 rue des Vignobles 78 400 Chatou
N° ISSN : 0298-0983
Commission paritaire : 75 876 AS
Dépôt légal : 2e trimestre 2004

Compagnon typographe surnommé « le singe » parce qu'il saisissait à la main chaque lettre en plomb dans les cases de la « casse » pour composer les textes.

Avant propos

À l'occasion du bicentenaire du Suprême Conseil de France et de la mise en ordre du Rite Écossais Ancien et Accepté, il apparaît nécessaire de se pencher sur les origines et le développement de ce rite pratiqué aux trois premiers degrés par la Grande Loge de France. C'est pourquoi j'ai demandé au Président de la Commission d'Histoire et de Documentation maçonnique de préparer avec nos Très Chers Frères José Barthomeuf et Alain Pozarnik ce numéro spécial de *Points de Vue Initiatiques*.

Sa mission qui a été remplie permet aux Francs-maçons et aux profanes curieux du passé de mieux comprendre sur quoi repose l'identité d'un ordre initiatique à la fois universel et intemporel tel que le conçoivent à leur manière les principales Obédiences.

En ce qui la concerne, la Grande Loge de France, fidèle aux textes fondateurs et à la Tradition, rassemble les hommes de bonne volonté, de toutes origines, de toutes opinions, aptes à conjuguer leurs efforts en vue de construire un temple de vérité, de justice et de concorde.

Mais ce qui distingue notamment les tenants du Rite Écossais Ancien et Accepté, dès le grade d'Apprenti, c'est un élan de spiritualité digne de celui hérité des bâtisseurs antiques et des Maçons médiévaux. Et pour nous, cet élan constitue un acte de foi dans le Grand Architecte de l'Univers source d'une loi d'équilibre et de progrès. Celle offrant à chacun, par le travail, la faculté de se libérer et de se perfectionner.

Dans cette méthode d'accès à la connaissance, la part réservée aux aspects traditionnels cultivés dès la Renaissance (ou avant) en Écosse, en Irlande et en Angleterre, n'est plus contestée par les chercheurs de bonne foi. Et l'examen scrupuleux auquel se sont livrés, à titre individuel, les participants à ce labeur collectif, autorise à privilégier la France dans cette réussite de l'Écossisme, forme élevée de l'Art Royal.

Il me plaît d'observer que ces recherches convergentes conduites à tous les degrés du Rite deviennent fructueuses grâce à l'apport de documents successivement acquis par le Musée–Archives – Bibliothèque et pour nombre d'entre eux récupérés dans les dépôts conservés à Moscou. Cette politique consistant à rendre cohérentes les données de l'histoire, doit guider l'ordre dans l'esprit de découverte de nature à éclairer les horizons du futur.

Cet esprit fait également partie des spécificités du Rite que nous célébrons ensemble.

Yves-Max Viton
Grand Maître

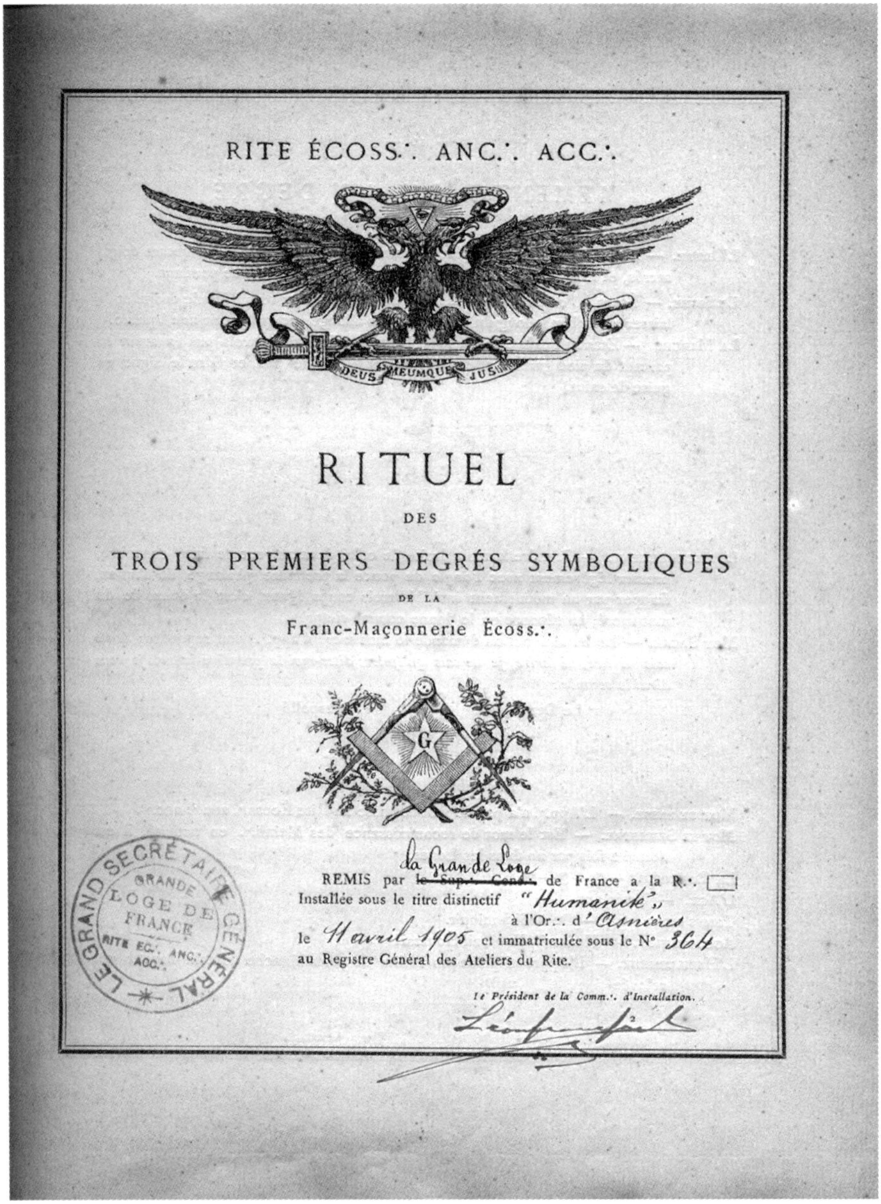
RITE ÉCOSS∴ ANC∴ ACC∴

DEUS MEUMQUE JUS

RITUEL

DES

TROIS PREMIERS DEGRÉS SYMBOLIQUES

DE LA

Franc-Maçonnerie Écoss∴

REMIS par ~~le Sup∴ Cons∴~~ la Grande Loge de France à la R∴ ☐
Installée sous le titre distinctif "Humanité",
à l'Or∴ d'Asnières
le 11 avril 1905 et immatriculée sous le N° 364
au Registre Général des Ateliers du Rite.

Le Président de la Comm∴ d'Installation.

LE GRAND SECRÉTAIRE GÉNÉRAL
GRANDE LOGE DE FRANCE
RITE ÉC∴ ANC∴ ACC∴

Rituel des trois premiers degrés symboliques de la Franc-maçonnerie Écossaise, 1905, édité par le Suprême Conseil de France et repris par la Grande Loge de France lorsqu'elle a pris en charge ces trois degrés en 1904.
Musée-Archives-Bibliothèque dela Grande Loge de France.

Présentation

Une évocation historique et initiatique

par Jean-Yves Goéau-Brissonnière

L'importance du bicentenaire du Suprême Conseil de France, juridiction veillant sur les trente-trois degrés du Rite, et de la constitution du Rite Écossais Ancien et Accepté, justifie que la Grande Loge de France, pratiquant le REAA, se consacre cette année à l'étude de notre raison d'être ensemble.

Il est à retenir que le choix d'un numéro spécial sur le sujet de l'Écossisme n'est pas une première à la Grande Loge de France. À deux reprises déjà, en 1972 et en 1980, deux Grands Maîtres, passés à l'Orient Éternel, Richard Dupuy et Michel de Just, avaient prescrit à la Commission d'Histoire et de Documentation Maçonnique d'inventorier les connaissances acquises en la matière. La préoccupation était, à partir des travaux d'Albert Lantoine, de Michel Dumesnil de Gramont et d'Antonio Coen, réunis dans la brochure *La Franc-Maçonnerie Écossaise*, publié avant-guerre, de mettre à jour une documentation entre-temps enrichie. Mission accomplie sous la direction d'Étienne Gout et d'Albert Monosson.

Stimulé par le zèle d'éminents prédécesseurs et l'aide de Frères émérites, le présentateur du numéro 132 est parti avec eux à la recherche de « terres inconnues » (ou mal connues) intéressant les Francs-maçons soucieux des origines, historiens ou non, amateurs éclairés ou curieux de comprendre le Rite. D'où l'ensemble proposé à tous, réuni grâce aux efforts conjoints, sans distinction de grade, d'auteurs ardents à la besogne maçonnique, sensibles au symbolisme, fidèles au R.E.A.A. qui nous unit.

Initiant les recherches effectuées, Jean-Pierre Bayard aborde « Les origines mythiques et opératives de l'ordre maçonnique ». Il le fait sur la base, non des idées reçues, mais d'après les siennes, selon « une approche sociologique ». On sait que la voie opérative du Compagnonnage lui est familière. Mais, résistant à la routine, il cherche ailleurs les racines mystérieuses ayant précédé le « sacre du métier ». De là l'idée de remonter au celtisme sans déraison, de faire leur part aux mythes fondateurs et au mysticisme parfois « déformateur ». L'Écossisme trouve sa place naturelle dans la revue des éléments ayant permis de le construire.

Passant en revue les diverses approches proposées pour expliquer l'histoire heureuse de l'Écossisme, Jean-Jacques Gabut s'attache aux fondements du phénomène rendu vivant par le rite. Il rassemble sans écarter aucune, les filiations dont nulle ne surpasse les autres. Toutefois le courant chevaleresque, porteur de haute spiritualité lui semble, grâce à Ramsay, inspirer ce qui caractérise notre philosophie. L'interprétation écossaise de la légende d'Hiram est avancée comme probable, ce qui conférerait au troisième degré « une spécificité de plus du rite écossais ». Et cet appel au mythe s'inscrit dans l'héritage de traditions anciennes comprenant les disciplines ésotériques. En définitive, la multiplicité des sources rend exceptionnelle la cohérence du système élaboré au 18e siècle et au début du 19e pour faire un tout des loges bleues des Hauts Grades. Au terme du parcours, « l'alchimie spirituelle » rapprocherait les universalismes d'occident et d'orient. *Ordo ab chao…*

Dans la foulée d'un éclairage nouveau, le « présentateur » s'est lancé « Sur les traces de l'Écossisme dans les Loges de France au XVIIIe siècle », en prenant comme dates de référence 1738 et 1799. L'apport de sources et de documents récents favorise cette entreprise audacieuse. L'existence et la vie d'une Grande Loge de France et d'ateliers de plus en plus nombreux à Paris et dans le Royaume (et au-delà) ne souffrent pas la moindre discussion. Tout ce qui ressort des procès-verbaux d'assemblées et de Loges retrouvées, des « tableaux », listes de Vénérables, de « Grands Livres d'Architecture » à disposition, est pratiquement de facture écossaise. Seule la naissance du Grand Orient de France (1773) trouble et divise la Grande Loge de France à l'époque. Mais tout finit bien dans la mesure où jusqu'au bout, des résistants à l'hégémonie du Grand Orient préservent le patrimoine symbolique et spirituel du Rite avant l'heure.

Avec Jean-Paul Minsier, nous revivons « L'histoire de l'Ordre Écossais en France de 1804 à 1904 ». Ce survol nous place de plain-pied à l'aube du bicentenaire. Il retrace les années premières, de l'après Étienne Morin, soit de Grasse Tilly à Cambacérès. L'empire privilégie le Grand Orient, au sein du Suprême Conseil de France. Mais de 1814 à 1821, des Maçons tels qu'Honoré Muraire regimbent au nom des principes traditionnels ; la refondation et l'essor de l'ordre entre 1821 et 1847 affirment, face au Grand Orient de France, la pérennité de l'Écossisme régénéré y compris dans des loges symboliques.

Les secousses de 1848 et de 1870 seront traversées. Car en 1862, sonne le clairon de la résistance du Grand Commandeur Vienet contre le parachutage du maréchal Magnan, suppôt profane du pouvoir. La suite se résume en une bataille pour ou contre le « Grand Architecte de l'Univers ». Adolphe Crémieux joue un rôle d'apaisement. Les Loges symboliques sont secouées par l'épreuve.

Les décisions du Convent de Lausanne tenu en septembre 1875 clarifient les positions. Celle du Grand Orient adoptée en 1 877 pèse encore sur la Franc-maçonnerie française. Mais, de 1880 à 1894, l'émancipation graduelle des loges symboliques aboutit le 7 novembre 1894 à l'autonomie de la Grande Loge de France en accord avec le Suprême Conseil de France.

Sur cette lancée, François Rognon se penche sur « L'essor de la Franc-maçonnerie symbolique » qui, de 1894 à 1904, se développe et obtient, en 1904, de devenir pleinement autonome au plan administratif pour les trois premiers degrés. La description de ce phénomène appuyée sur l'étude de certaines loges bleues, rend compte d'une cohérence au premier abord paradoxale, celle d'un système intégrant dans l'harmonie deux institutions défendant séparément les mêmes valeurs, obéissant au même Rite, du 1er au 33e degré. L'unité du tout est compatible avec une répartition des rôles entre le Suprême Conseil de France, gardien du R.E.A.A., et la Grande Loge de France pleinement responsable des loges bleues.

Pour résumer au profit de tous, les traits marquants de l'Ordre, Jean-Paul Minsier définit à grands pas ce que contient la Connaissance du R.E.A.A. : esprit, tradition, initiation, spiritualité et universalité. Pas de redondance dans cet exercice qui souligne la valeur pérenne des enseignements délivrés, en particulier celui d'une volonté d'avancer vers un règne de l'éthique réclamée notamment par Albert Schweitzer et d'autres scientifiques et penseurs œcuméniques, dont René Cassin et André Chouraqui.

Tirant la leçon des travaux entrepris, Jean Erceau et Édouard Majewski se penchent sur la force et la pertinence du rite qui nous réunit. Rien n'échappe à leur sagacité : devise, le Principe Créateur, la Bible ouverte sur l'autel des serments, le respect de la démarche initiatique et la progression graduée, la règle de non-mixité, l'universalisme. Et cet approfondissement des données à maîtriser s'accompagne d'une ouverture d'esprit sur la possibilité pour chacun, dans les limites assignées par les principes, de concevoir à titre individuel le Grand Architecte de l'Univers et d'assurer, s'il le peut ou le veut, sa propre quête spirituelle.

Pour sa part, José Barthomeuf s'applique à cerner ce rite étrange consacrant l'esprit et la pratique par une obédience traditionnelle.

L'auteur le situe à juste titre comme en dehors des influences profanes et temporelles. Inapte à se « démoder », l'Écossisme se transmet dans la mesure où il résiste à l'usure du temps et des temps. Il se distingue, à cet égard des voies modernistes engagées dans l'arène politique, le Grand Orient de France en tête. La primauté proclamée de l'esprit sur la matière dote d'Écossisme d'un sens conforme aux critères retenus en 1 875 par le Convent de Lausanne privilégiant la glorification du Grand Architecte de l'Univers. Le chemin tracé ces dernières années par les Suprêmes Conseils illustre l'universalité et la régularité du Rite Écossais Ancien et Accepté manifestant la démarche initiatique entreprise dès le premier degré.

Voilà ce qui attend les lecteurs Maçons et profanes attentifs à une recherche de repères visibles et invisibles.
L'intérêt des curieux encouragera l'Obédience et par conséquent l'Ordre à poursuivre des recherches jamais achevées.

Sceau de la Grande Loge de France en 1903

Les origines mythiques et opératives de l'Ordre maçonnique

par Jean-Pierre Bayard

Ce n'est évidemment pas en 1717 que s'est constitué l'Ordre maçonnique. Ce n'est que la date de l'union de quatre loges londoniennes, aux formations récentes, qui puisent leurs sources dans un passé beaucoup plus ancien. Elle consomme une rupture avec les loges antiques qui ont perdu en grande partie leur vocation manuelle.

Par ses Constitutions de 1723, la Franc-maçonnerie invoque les textes bibliques de la construction du temple de Salomon à laquelle ses rites se réfèrent ; elle mentionne également dans certains de ses rituels le symbolisme de la réalisation de la tour de Babel ou la construction de l'arche de Noé, mais elle n'en commente qu'un apport légendaire. Elle ne se dit pas plus héritière des loges opératives médiévales à qui l'on doit ces admirables cathédrales qui savent résister à l'usure du temps et dont l'enseignement spirituel transparaît dans ces livres de pierre. Elle n'évoque pas les rites compagnonniques cependant si proches des siens, alors que de nombreuses autres sociétés revendiquent les passés les plus lointains et les plus fabuleux, croyant ainsi se donner des lettres de noblesse accréditant leur renommée.

La spiritualité ne se décèle pas par des données historiques. Joseph de Maistre écrit en 1782 que « *l'initiation maçonnique remonte à l'origine des choses* », « *la vraie religion a plus de dix-huit siècles ; elle naquit le jour où naquirent les jours* ». Le symbolisme est universel ; chaque chercheur y puise une parcelle de la connaissance spirituelle. Le fait historique dépend d'un processus fragmentaire entre le réel et le mythique, que très souvent nous regardons les événements comme nous désirons qu'ils soient. Pour connaître le fonctionnement interne d'une société, il faut savoir interpréter ses mythes sociaux, son « imaginaire » créatif ; une connaissance qui engloberait toutes les motifs de l'imagination. Ces mythes de l'imaginaire constituent des formes sociales qui sont la base d'une organisation humaine, une sociologie de l'instant. Nous ne possédons aucun document permettant de cerner les facteurs qui ont pu instaurer un tel esprit.

Comment alors affirmer que le Compagnonnage et la Franc-maçonnerie n'ont pas une source commune lorsque dans chacune de ces sociétés on décèle des symboles et des légendes fort comparables ? Il me paraît plus sage de chercher le lien et l'origine commune.

Nous ne connaissons ni la provenance ni le nom du rédacteur d'un rituel, de quelque grade que ce soit. Les Anciens Devoirs, pas plus que les Constitutions de 1723, ne publient un cérémonial alors qu'ils sont mentionnés lors des nombreux procès. Évoquons des faits qui ont été souvent oubliés et qui peuvent susciter de nouvelles interprétations.

L'apport compagnonnique

Malgré les plus érudits travaux, deux clans s'opposent. Pour certains, la Franc-maçonnerie est issue du Compagnonnage. Pour d'autres, il n'y a aucune corrélation entre ces deux sociétés qui actuellement n'ont pas de relation entre elles, bien que de nombreux Compagnons du Tour de France appartiennent à une obédience maçonnique.

Encore de nos jours de nombreux symboles sont communs aux deux organisations, dont le pavé mosaïque, les deux colonnes, l'équerre et le compas entrelacés presque de même manière pour former le triangle. Le Compagnonnage à partir de son déclin vers 1850, se rapproche de la Maçonnerie pour y renforcer son enseignement. L'Angleterre, qui n'a pas connu le Compagnonnage comme en France et en Allemagne, a cependant conservé des documents, Les vieux devoirs, chartes réglant les relations entre employés et employeurs.

Les associations de métiers existent depuis la plus haute antiquité. Dans l'empire romain, les *Collegia artificum Fabrorum* ont des statuts provenant des chartes de Numa Pompilius, deuxième roi de Rome, soit environ 700 ans avant notre ère. Même modèle des règles de l'Art Royal dans la rédaction de l'édit de Rothari (22 novembre 643). Cet édit paraît lui aussi influencer les Constitutions de 1723.

Qui sont ces ouvriers condamnés par Charlemagne en 779, 789 ? Ce ne sont évidemment pas les travailleurs des Guildes mais bien des hommes indépendants, trop remuants aux yeux d'un pouvoir centralisé, qu'il soit politique ou religieux. Ce sont d'ailleurs par les arrêts des Tribunaux que nous connaissons le Compagnonnage et même à des dates récentes il a subi des mesures vexatoires, comme le maire d'Angers qui par arrêté du 10 mars 1817 interdit la constitution des *Mères* et confie l'embauche à un bureau de placement

Les édifices consacrés aux cultes réalisés avant 800 montrent des techniques qui sans contestation appliquent l'art du Trait, tracé qui paraît être évoqué dans les livres d'architecture de Vitruve, (mort vers 26 après J.-C.) ; ce traité a eu une grande vogue au Moyen âge. Si de tels écrits sont rares, les fouilles archéologiques attestent que des édifices avant l'ère chrétienne ont bénéficié de ces connaissances. Il n'est qu'à se rendre au site de l'église Saint-Laurent de Grenoble pour déchiffrer ce livre de pierre, mais encore faut-il savoir le décrypter…

Dans le *Carnet* de *l'Art de Géométrie*, Villard de Honnecourt, maître d'œuvre picard du début du XIIIe siècle (mort en 1 260) a consigné des tracés de quelques églises. Ce document de soixante-six planches, écrit en dialecte picard, conservé à la B.N. (cote 19 093) confirme que les tracés des églises reposent sur des formes géométriques simples, à l'image et aux proportions des corps et des figures humaines. Ces « divines proportions », mesures sacrées, ont des rapports communs. Guillaume Durand (1230 -1296), évêque de Mende, a résumé dans un admirable traité, *Le Rational* (1 284) « *la mystique du culte divin* ». Autant de documents prouvant que le Compagnonnage est fort ancien, que ce n'est ni Bernard, l'abbé de Clairvaux né en 1098, ni les Templiers formés en 1118, qui ont introduit les méthodes de statique graphique.

Gustave Bord, dans *La Franc-maçonnerie en France* (1 908), dit (p. XIII) que « *la Franc-maçonnerie n'est pas née spontanément, elle n'est pas non plus une société secrète antique… qu'elle est née très lentement…* » Cet état d'esprit a toujours marqué la condition de l'homme attaché à son métier.

Mgr Paul Guérin, dans *Les Petits Bollandistes, vies des Saints…*, d'après le père Giry (Bloud et Barral) rapporte qu'au XIIe siècle existaient dans la région d'Autun des « *confréries des logeurs du Bon Dieu et des Francs-maçons* » ; notre folklore a conservé de semblables indications. Ce n'est évidemment pas au moment de la construction des grandes cathédrales gothiques que naît le Compagnonnage, thèse d'historiens profanes.

Gravure du XVIe siècle

À l'époque médiévale, le Compagnonnage allemand se réunissait dans la *Bauhütte*. Ce nom, peut-être né à Strasbourg, désigne la loge des constructeurs, cette hutte fermée, clôturée, qui permet de mettre au point les détails techniques de la construction. L'influence du chantier de Strasbourg étant prépondérante, celle-ci devint la Grande Loge, la *HaupHütte*. Nous pouvons aussi bien rencontrer les termes *loge*, *chambre* ou *cayenne*: c est l'actuelle baraque de chantier.

La construction de la cathédrale gothique de Strasbourg, débutée en 1 176 à partir de l'église romane, met en relief son maître d'œuvre Erwin de Steinbach. Sa loge des tailleurs de pierre est rendue célèbre par la Maison de l'œuvre Notre-Dame, fondée en 1 215. On y découvre les grands principes architecturaux avec l'art du trait, la numérologie. L'abbé Grandidier, en écrivant un *Essai Historique et Topographique sur l'Église Cathédrale de Strasbourg* (Levrault, Strasbourg 1 782), trouve des traces de « Compagnons passants » dès 1 015 ; il mentionne qu'aux environs de 1245, on parle de « voyages », du « Père et d'une Mère » qui tiennent une auberge, on recommande le secret, les membres se disent « frères » et les surveillants ponctuent les réunions avec des coups de maillets, ce qui semble indiquer que des rituels sont pratiqués.

D'ailleurs en 1146, avant la seconde croisade, apparaît le *Saint Devoir de Dieu*. En 1275, une assemblée constitue quatre grandes loges (Strasbourg, Cologne, Vienne et Berne) avec voix prépondérante pour la loge de Strasbourg pour définir les règles morales, religieuses et professionnelles. En 1276, l'empereur Rodolphe 1er de Habsbourg octroie des franchises aux tailleurs de pierre. Selon ma thèse, il n'est pas impossible que ce soit à cette date (vers 1 280) qu'une « Franc-maçonnerie opérative » se soit formée, utilisant les mêmes symboles et les mêmes rites que le Compagnonnage très florissant. L'Assemblée générale de Ratisbonne, reprenant les dispositions prises lors de l'assemblée générale des Tailleurs de pierre et Maçons de Strasbourg, à l'Ascension de 1315, ratifie le 25 avril 1459 les mêmes statuts.

Cette Convention place la solidarité morale et l'entraide mutuelle entre ouvriers sous l'autorité de l'église catholique ; c'est pourquoi les groupes s'intitulent « Saint Devoir de Dieu » et même pour marquer un retour aux sources, certains ont précisé « Saint Devoir du Dieu d'Israël ». C'est tout un apport humaniste.

C'est également à partir de cette nouvelle Constitution que le symbole de l'équerre et du compas entrelacés acquiert une place prépondérante.

Bien que l'on puisse songer à 1 315 (et même à 1 275), il est possible que ce ne soit qu'en 1 459 qu'apparaît une Franc-maçonnerie opérative, sorte d'essaimage au sein du Compagnonnage devenu très important par l'essor architectural. Dans l'obligation de se dédoubler, une classe sociale plus élevée (comprenant patrons, architectes, sculpteurs, entrepreneurs…) a pu se séparer, sans heurt, de la classe ouvrière, en conservant les mêmes structures et les mêmes symboles.

Tailler la pierre est une des principales activités du métier. La pierre brute incarne la plénitude et la simplicité de la nature : elle marque la civilisation des mégalithes, que les Celtes exaltent et qui se transmet à l'époque médiévale à nos fabuleux architectes. Grâce à l'équerre, au compas, à la corde à nœuds, tout peut se réaliser. La géométrie est le langage de la raison. Les apprentis soumis à l'autorité du maître doivent le silence sur ce qu'ils apprennent, ils ne pouvaient communiquer qu'avec les Compagnons du même groupe.

Avec l'accroissement des chantiers, signes et mots secrets deviennent nécessaires pour se reconnaître. L'apprenti, qui a un engagement de cinq à sept ans, peut devenir compagnon en étant présenté par un maître rendant témoignage tant de sa vie, de ses mœurs que de son aptitude au travail. Cet incomparable essor architectural allant de l'an mil au XVe siècle a nécessité la réglementation des confréries. Étienne Boileau, prévôt de Paris, a rédigé le *Livre des Métiers* entre 1261 et 1269.

Nombre d'ouvriers libres et itinérants adhèrent au Compagnonnage qui crée des lois sociales. Cette organisation de métier fortement structurée possède sa caisse alimentée par les droits de réception, des pourcentages prélevés sur les salaires, souvent la dîme. Celle-ci sert à verser une rente tant au travailleur qu'à sa veuve, à l'âge de 55 ans, à aider l'ouvrier en cas de maladie, accident ou grève, parfois à aider un Compagnon qui s'installe en lui prêtant de l'argent sans intérêt.

Du XIe au XVe siècle, on réalise l'édification de quatre-vingts cathédrales aux fabuleuses dimensions, cinq cents grandes églises, des milliers d'églises paroissiales ; il existe une église pour deux cents habitants. Durant cette période on extrait et on met en œuvre plus de pierres que ne l'a fait l'ancienne Égypte sous de longues dynasties.

Devant une telle activité, et bien qu'aucune preuve écrite ne nous soit parvenue, mon hypothèse qu'une Franc-maçonnerie opérative soit issue du Compagnonnage me paraît renforcée par le fait que cette classe sociale d'hommes plus évolués techniquement et spirituellement a eu la charge d'organiser le travail.

En relation avec les commanditaires, ces maîtres responsables acceptent dans leurs rangs, à titre honorifique, des étrangers à la profession pouvant leur fournir de nouveaux chantiers. L'authentique Compagnonnage, qui n'a pas à traiter de nouveaux marchés, n'intègre aucun membre étranger. Plus tard, la Franc-maçonnerie opérative, avec le déclin de la construction, accepte de plus en plus de membres extérieurs au métier pour devenir finalement spéculative.

Le Compagnonnage éduque tant la main que l'esprit, développe la probité spirituelle. Cet ouvrier est un chevalier du travail manuel. Seule la loi d'amour anime ces réalisations. Le rite de la construction est noble. L'imaginaire maçonnique s'inscrit dans l'Art Royal, dans cette harmonie universelle. Si le symbole signifie, comment peut-on dire que ces outils de la construction, – la règle, l'équerre et le compas – marquent l'ouvrier qui s'en sert et non ceux qui « vivent » les réunions à la fois corporatives et sacrées ? On ne perçoit pas impunément les valeurs des deux colonnes, du pavé mosaïque, du triangle, des légendes, sans en subir un écho qui transcende notre nature intérieure.

Les Anciens Devoirs

On décompte actuellement environ cent trente *Anciens* ou *Vieux Devoirs*, ou *Anciennes Constitutions*, ou *Old Charges*, ou *Constitutions gothiques*, conservés principalement en Angleterre où le Compagnonnage n'a pas existé. Ce ne sont sans doute là que des copies de manuscrits antérieurs dont nous n'avons plus trace. Ces *Vieux Devoirs*, ces textes fondamentaux de 1390, s'adressent à des groupes de travailleurs itinérants. Ils comportent des prières, des invocations à Dieu, une histoire de la géométrie et de l'architecture, l'énumération des « Devoirs » moraux, religieux, sociaux, que les compagnons ont à respecter. Ils expriment aussi l'organisation du travail, l'embauchage, les sept Arts Libéraux. Les Constitutions de 1723 reprennent les mêmes dispositions et n'indiquent pas le rituel initiatique adopté, ce livre étant d'ailleurs vendu en librairie au profit d'Anderson.

Le *Regius* (dit parfois *Manuscrit Halliwell*, nom de son premier éditeur) écrit vers 1390, est la plus ancienne charte connue. Ce poème en vers, en vieil anglais, fait référence à une transmission mythique de l'art de construire à partir d'Euclide, en prenant pour base la Géométrie. Ainsi s'établit une parenté entre les plus anciens constructeurs, les maçons opératifs et les constructeurs des cathédrales.

Le *Cooke* (Matthew Cooke), écrit vers 1410, en prose, comprend en 19 articles une histoire de la géométrie et de l'architecture, l'énumération des « Devoirs » des compagnons, en ce qui concerne la morale, la religion, le social et l'organisation du travail, un exposé sur les Sept Arts Libéraux.

Le manuscrit *Grand Lodge* n° 1, de 1583, propose 130 versions des « Anciens Devoirs ». Dans une autre version des Anciens Devoirs, on cite le *Manuscrit Sloane 3 848* qui aurait été édité en 1 646 par Sankey, Franc-maçon à Warrington…

Certains de ces manuscrits ont dû servir à l'établissement des Constitutions de 1 723 précisant la formation de la Franc-maçonnerie spéculative. Anderson, Désaguliers et leurs amis n'en connaissaient que quelques-uns et disent les avoir détruits, peut-être dans le seul but de ne pas révéler leurs sources ou de montrer leurs déformations conscientes apportées aux originaux, car l'on conçoit mal que des historiens et scientifiques puissent détruire les documents utilisés.

Parmi les catéchismes maçonniques les plus anciens, notons *La Maçonnerie Disséquée* (*Masonry dissected*) de Samuel Prichard (1 730) dont l'édition de 1 743 a été reproduite en 1976 par les éditions du Baucens, et en 1992 par la publication de L'Herne. *La Maçonnerie Disséquée* paraît indiquer la connaissance d'un 3° degré, fait confirmé par l'ouvrage anonyme *The Three Distinct Knocks* (*Les Trois Coups Distincts*) (Londres 1 760). *L'Ordre des Francs-Maçons Trahis*, attribué à l'abbé Pérau (1700 - 1767) paraît en 1742, réédité en 1 745.

Les textes fondateurs de l'Écossisme sont les Constitutions de 1723, celles de 1 762 (de Bordeaux), de 1 786 (de Berlin) et la Déclaration du convent de Lausanne (1 875)

Franc-maçon et Maçon accepté

Le terme « franc-maçon » apparaît en 1 376 dans un document de la Guilde des Maçons de Londres; *freemason* peut provenir de *free stone mason* (tailleur de pierre franche) en opposition à *rough stone mason*, travaillant des pierres beaucoup plus dures, à la taille plus rugueuse. Une pierre est dite « franche » lorsqu'elle est saine, sans défaut, et qu'elle est extraite selon un « banc » ou un « lit franc ». Dans la construction, elle doit être replacé selon son plan d'extraction afin de respecter les pôles du matériau et de supprimer la désagrégation de la pierre; dans le cas contraire, la pierre est dite « en délit ».

Par *franc* on songe également à la condition des ouvriers de « l'art royal » qui ne sont plus soumis à certaines astreintes tant matérielles que financières, ceux qui bénéficient de « franchises ». Ce sont alors des « francs métiers ». Le terme *franc-maçon*, qui caractérise les ouvriers des corporations médiévales, peut aussi avoir une origine française puisque c'est en France et en Allemagne que nous trouvons les « Compagnons Passants », et que le français est la langue de la cour anglaise.

Le « Maçon accepté » est extérieur à la profession et admis à cause de ses qualités particulières ou de ses apports possibles. Dans les loges opératives furent ainsi admises des personnalités (nobles et notables), des prêtres (chapelains), ce qui a conduit à la naissance de la Franc-maçonnerie spéculative. Pour ma part, sans pouvoir apporter de preuve, je pense qu'après une séparation entre les deux classes du Compagnonnage, vers 1 275 ou 1330, des titres de Francs-maçons opératifs ont pu être décernés à des notables pouvant aider les métiers du bâtiment. Un signe honorifique et de déférence.

D'après le document Harleian figurant dans les *Old Charges*, un membre a été « accepté » en 1 492. On note l'admission de Sir John Boswell d'Auchinleek dans la loge d'Edimbourg (Écosse), le 8 juin 1600, de Lord Alexander en 1634, de Sir Robert Moray et Alexandre Hamilton, à Newcastle, en 1 641.

En France, des hommes semblent avoir été acceptés dans une Franc-maçonnerie opérative distincte du Compagnonnage, qui n'accepte pas de membre en dehors du métier. François Rabelais (v.1483-1553), Bernard Palissy (1510-1590), ont-ils été reçus dans de tels groupes ? On rêve à l'existence possible d'une « Franc-maçonnerie française », ce qui expliquerait pourquoi, en 1740, nos rituels différaient de ceux de la Grande Loge de Londres et qu'on ne se référait alors ni à Anderson ni à Désaguliers. Y a-t-il une influence compagnonnique ?

L'apport des Celtes et de la Rose-Croix

L'Écosse et l'Irlande, restées plus indépendantes, conservent mieux leur fonds celtique. À l'équinoxe d'hiver de 1717, de nombreux Maçons de la Grande Loge de Londres appartiennent également au *Druid Order* que John Toland vient d'organiser. Cette renaissance du celtique est-elle un simple divertissement ? Comment sert-elle la Maçonnerie ? Le druidisme, pour rendre ses cultes, a utilisé les mégalithes vieux de 5 000 à 6 000 ans, des temples sépultures orientés astronomiquement, tous établis sur un plan type, employant des qualités de pierres différentes, ce qui en fait notre plus ancienne architecture. Ce riche patrimoine n'a cessé de nous influencer, de nous marquer secrètement par ses légendes, par ses noms de lieux-dits et tout un vocabulaire attaché aux cultes des eaux, des pierres, des arbres.

Au Moyen âge, la *Matière de Bretagne*, avec la quête des chevaliers de la Table ronde, montre la survivance de cet esprit qui marque profondément le XIIe siècle.

Parthénie, ou histoire de la très auguste et très dévote Église de Chartres dédiée par les vieux druides en l'honneur de la Vierge qui enfanterait, publié en 1609 par Sébastien Rouillard, avocat à Melun, atteste d'un druidisme vivace au XVIIe siècle.

En dehors des rites du constructeur, le rapprochement entre Franc-maçonnerie et Rose-Croix est attesté.

Le vocable Rose-Croix, ou Rosicrucien, couvre un ensemble de très nombreuses sociétés plus ou moins traditionnelles, plus ou moins sérieuses, se disant héritières d'une antique sagesse et affirmant toutes l'exclusivité de leur authenticité. À l'origine, on y trouve l'hermétisme égyptien, le gnosticisme, la kabbale, l'alchimie, l'ésotérisme chrétien, le luthéranisme, tout un courant gravitant autour de l'illumination et communiquant par le symbolisme ; ces hommes ont « *la révélation divine (qui) permet d'étudier les cieux et la terre, et en particulier l'homme dans la nature duquel est enfoui le Grand secret…* ».

Sur la croix éternelle, instrument du sacrifice de Jésus, repose la fugace rose rouge représentant le secret, la discrétion, l'amour. À l'éphémère, qui est parfum et beauté, s'associe le secret de l'immortalité. Parfois une rose d'or indique la perfection morale. En réalité, c'est la fleur de l'églantier, ou rose sauvage : cinq pétales en forme de pentagramme. Aussi les alchimistes font de la rose posée au centre des quatre directions, la cinquième essence, la quintessence, l'élément subtil.

En 1717, l'Académie anglaise réunit l'élite des savants, en particulier Newton et Désaguliers. Cette Académie royale formée en 1660 devient la *Royal Society*. La participation à l'esprit Rose-Croix y est indéniable, mais le celtisant John Toland y est aussi présent ainsi que William Stukeley, membre de l'Académie. Tous aspirent à former un centre d'union. Régis Blanchet a montré la similitude des textes de John Toland (*Pantheisticon*), de la Charte de fondation de la *Royal Society* (1662) et de l'article 1er des Constitutions d'Anderson : « *c'est bien le reflet d'un vaste mouvement philosophique et social ayant pénétré tous les niveaux de la société anglaise dès le XVIIe siècle* ». John Toland a été nommé par Albert Lantoine « un précurseur de la Franc-maçonnerie ». On découvre bien des points communs entre son « panthéisme » et les Constitutions d'Anderson.

La Grande Loge de Londres

Les loges opératives devenues de plus en plus spéculatives sont très antérieures à 1717 puisque le métier n'y est envisagé que de façon symbolique, par opposition à la maçonnerie « opérative » qui continue de réunir les anciens maçons de profession.

Quatre loges aux noms chantants, ceux des auberges où elles se réunissent, en se fédérant le 24 juin 1717, se donnent une organisation commune très stricte. Ce sont :

L'oie et le Gril (*The Goose and Gridron*). Fondée en 1691.
La Couronne (*The Crown*). Fondée en 1712.
Le Pommier (*The Apple Tree*). Fondée en 1716.
Le Grand verre et les Raisins (*The Rummer and Grapes*). Fondée en 1716.

Il existe à Londres bien d'autres loges plus anciennes, ne serait-ce que celle de Saint-Paul, dirigée par Christopher Wren (1632-1723). On se demande même si deux de ces loges créées si récemment ne doivent pas leur existence au seul dessein de soutenir la future association, d'autant que depuis deux ans, à Londres, quelques loges ne reçoivent plus le mot de reconnaissance. Dans la cour de la cathédrale Saint-Paul, cette assemblée s'érige d'elle-même en Grande Loge et demande à tous les ateliers du royaume de se placer sous son autorité fédérale. Elle se réclame d'un esprit universaliste, reconnaît toutes les religions chrétiennes, sans parler de l'Islam ; on y perçoit une éthique platonicienne qui entend lutter contre tous les dogmatismes. Mais dans l'acte constitutionnel on ressent aussi un caractère orangiste (maison protestante de Hanovre) s'opposant à la Maçonnerie stuardiste ou jacobite (le roi Jacques Stuart s'est réfugié à Saint-Germain-en-Laye). Au contraire, les loges anciennes, qui dans le passé ont travaillé avec les moines, se rallient au catholicisme. Il s'ensuit une longue querelle entre *Ancients* et *Moderns* qui ne se termine qu'en 1813 par la création de la Grande Loge Unie d'Angleterre.

Cette Grande Loge de Londres de 1717 naît dans un contexte politique et religieux tout en cherchant un œcuménisme mettant fin à toutes ces tueries. À la Saint-Jean de 1719, la charge de l'Ordre est confiée à un personnage d'une dimension exceptionnelle, Jean-Théophile Désaguliers.

Il est né à La Rochelle, le 13 mars 1683, de parents huguenots, son père Jean y étant pasteur. Après la révocation de l'Édit de Nantes, sa famille émigre en Angleterre. Il fait ses études Londres et à Oxford. Ministre de l'Église anglicane, il se rallie à la dynastie hanovrienne. Professeur en physique expérimentale, il devient l'assistant et l'ami d'Isaac Newton (1642-1727), et l'un des conférenciers scientifiques les plus estimés de son temps. On ne connaît pas la date de son initiation, qui paraît tardive (1715 ou 1716 ?). Membre de la Royal Society, correspondant de plusieurs sociétés scientifiques étrangères, il joue très rapidement un rôle de premier plan auprès de son ami James Anderson et grâce à ses relations, à son habileté, il donne une impulsion de premier plan à cette jeune organisation. Il est indéniable que les drames de son enfance ont eu un grand écho sur sa sensibilité ; idéaliste, pasteur presbytérien, il a prêché la réconciliation des Églises. Il meurt à Londres le 29 février 1744.

L'émergence de la Franc-maçonnerie spéculative en 1717 répond à une nécessité sociale ; née et codifiée à Londres, elle ressent un climat scientifique principalement animé par des protestants de la *Royal Society* et sa démarche initiatique se réfère à un passé fort ancien, un bien dont les multiples expressions alimentent notre imaginaire.

Les Constitutions de 1723

Dans le *Dictionnaire de la Franc-Maçonnerie*, établi sous la direction de Daniel Ligou, nous lisons : « *Le livre des Constitutions d'Anderson, approuvé le 14 janvier 1723, est considéré comme celui des véritables constitutions de la Franc-Maçonnerie spéculative traditionnelle. Si la partie historique n'est plus prise au sérieux par personne, si sa partie « réglementaire » a subi de multiples modifications, qu'expliquent très largement les circonstances, sa partie doctrinale reste une base sûre et forte. D'où les multiples problèmes d'interprétation qui, à l'heure actuelle, séparent les Obédiences.* »

La Franc-maçonnerie anglaise de 1717 est donc née dans un contexte politique – son soutien à la nouvelle royauté protestante – avec une impulsion philosophique – donner à chacun la possibilité d'être libre, d'accomplir le culte de son choix. L'Église catholique de Rome, qui perd son monopole et l'aide d'un roi catholique, réagit : Clément XII fulmine la première condamnation papale le 4 mai 1738 par sa bulle *In Eminenti*. Sous son expression « *pour des raisons par Nous connues…* » ne faut-il pas songer à la famille des Stuart, la fidèle alliée catholique chassée par la nouvelle royauté des Protestants du Hanovre ?

La Franc-maçonnerie spéculative n'est pas irréligieuse puisqu'elle admet toutes les religions en partant du principe que toutes honorent la même source de création, que l'homme n'est qu'une partie du tout et qu'il est soumis à la « religion naturelle » dont on ne peut apporter aucun éclaircissement sur la nature de Dieu. On reprend une expression médiévale, celle de *Grand Architecte de l'Univers* qui ne se différencie guère de celles de *Grand Horloger du Monde* ou de *Grand Potier des Mondes*. Il faut vaincre toutes les hostilités, rendre tolérants les divers cultes. Ainsi on se sépare des *Anciens Devoirs* qui invoquaient la Sainte Trinité, Marie et ses saints.

Bien des écrits maçonniques se sont élevés contre la Maçonnerie anglaise de 1717 dont les Constitutions ont cependant été élaborées dans un large esprit de tolérance. Mais en adoptant des méthodes d'ordre social, on entre dans les vicissitudes du monde profane. Dermott, fidèle à la tradition du Compagnonnage, dit « *Au lieu d'une renaissance, ce fut une rupture dans la Maçonnerie ancienne qui se produisit chez ceux qui organisèrent la Grande Loge de 1717* ». Pour le profane Barles, comme pour tout historien sérieux, cette création reste une énigme. Albert Lantoine, Oswald Wirth, Marius Lepage, Jehan

Corneloup reconnaissent que les *Moderns* se séparent de la pensée Traditionnelle. Par contre Désaguliers, selon une éthique platonicienne, veut combattre tous les dogmatismes et créer un esprit universaliste, quoique méconnaissant les autres religions pratiquées dans le monde dont l'orientalisme, mais finalement on y exalte le même principe créateur, un principe d'équilibre.

Anderson et Désaguliers ont altéré les rites d'une Franc-maçonnerie opérative afin de les insérer dans l'esprit d'une époque marquée par la recherche scientifique. Il ne faut pas mésestimer l'effort de conciliation effectué principalement par Désaguliers. Dans une recherche œcuménique, au-delà de tout dogme, ces savants appartenant à divers groupes spirituels ont cherché une union par une charte souple et libérale ; ils ont fait naître une chaîne d'union spirituelle.

Les deux premiers degrés du Rite restent uniquement axés sur les rites du métier de constructeur, l'art royal. Les symboles sont ceux des outils ou des instruments du bâtiment qui glorifient le travail. Tant que l'on parle de rites du métier manuel, rien ne peut choquer ; c'est un langage universel, celui utilisé par le Compagnonnage. Les influences philosophiques extérieures ne s'y font pas sentir. Le 3e degré, créé entre 1723 et 1730, échappe en partie aux rites spécifiquement corporatifs en y incluant des éléments philosophiques et allégoriques. Cependant, dans les *Old Charges*, (et plus particulièrement dans le manuscrit Sloane, qui date des environs de 1 700, recopié sur un manuscrit antérieur), nous trouvons mention d'un troisième grade qui figure également dans le manuscrit *Trinity College* daté de 1 711.

La grande Loge des Ancients – Ahiman Rezon

Dès sa création, en 1717, la Grande Loge de Londres n'est guère prise au sérieux par les loges opératives ayant un passé beaucoup plus ancien. La Grande Loge d'York, fondée en 1705, a été la première rivale de la G.L. de Londres, mais son action reste discrète. Par contre, de nombreux Maçons, principalement irlandais, s'insurgent contre les Constitutions d'Anderson ; par dérision, les nouveaux Frères sont nommés les *Moderns*. Le temps passant, les *Ancients* se rendent compte que ces quatre loges essaiment tout en étant reconnues par les plus grands comités ; des personnalités, des nobles, n'hésitent pas à y adhérer. Les *Ancients* s'organisent pour défendre leur antériorité, souvent maladroitement.

Ce n'est qu'en 1751 que ces loges qui pratiquent le *Craft* (la tradition opérative) se liguent afin de mieux défendre leur tradition. En 1753, la Grande Loge d'York publie leur Constitution, *Ahiman Rezon*. Mais en 1755, la Grande Loge d'York est déclarée irrégulière par la Grande Loge de Londres, qui est soutenue par le roi !

Les *Ancients* se recommandent de la succession du prince Edwin qui à York, en 936, leur aurait donné leurs instructions. Leur rite repose sur des rituels anciens, non unifiés, qui peuvent légèrement différer entre eux. Ces Constitutions restituent la foi des anciens constructeurs pratiquant les rites de la religion catholique, alors que les *Moderns* pratiquent un déisme. Les *Ancients* reprochent aux *Moderns* d'avoir perdu les rites de l'authentique Maçonnerie et de leurs usages opératifs. Toutes les invocations des *Anciens Devoirs* faites « à la Vierge Marie et à ses saints serviteurs » sont supprimées : on se rapproche du protestantisme.

La Grande Loge Unie d'Angleterre

La Grande Loge Unie d'Angleterre naît le 27 décembre 1813 de l'union de la Grande Loge de Londres de 1717 (avec 387 loges) et de la Grande Loge des Ancients de 1753 (avec 280 loges).

Ses statuts édités en 1815 diffèrent de ceux d'Anderson de 1723 et témoignent en faveur de la Tradition du Métier. Les *Ancients* font aussi accepter leur reconnaissance à Dieu alors que Désaguliers et Anderson ont préconisé la liberté du culte pour chaque Maçon, suivant en cela le panthéisme de Toland. On s'éloigne de l'esprit d'œcuménisme. Le Rite Émulation, par son approche très dépouillée, correspond le mieux aux rites du Métier adoptés par les Compagnons.

La Grande Loge Unie d'Angleterre ne devrait donc pas revendiquer 1717 comme date d'origine mais seulement 1813 (ou au mieux 1751), date de l'union des *Ancients* et des *Moderns*.

La Franc-Maçonnerie en France

À partir de 1717, les *Moderns*, mieux structurés que les *Ancients*, ont à leur tête de hautes personnalités ; aussi la grande Loge de Londres s'installe facilement à Paris où elle recrute de nombreux adeptes.

Saint-Germain-en-Laye, en Ile-de-France, a été, après Poissy, le lieu de résidence des rois de France. Dans son château se sont réfugiés, en 1649, Henriette de France, veuve de Charles I d'Angleterre, décapité, puis en 1689 leur fils, Jacques II Stuart (1633-1701) roi d'Angleterre, monarque très catholique, canonisé, détrôné par son gendre protestant Guillaume d'Orange. Malgré certaines assertions, ce ne sont très certainement pas les loges de régiments de la suite de Jacques II qui ont fait naître la Franc-maçonnerie en France, mais sans doute la noblesse catholique anglaise en exil. La Grande Loge de Londres, par l'intermédiaire de Charles Radcliffe, Lord Derwenwater, constitue une loge non opérative en juin 1726 au *Louis d'Argent*, rue de la Boucherie (près de Saint-Germain-des-Prés) à Paris, et bien des Français se font recevoir directement à Londres ; c'est le cas du baron de Montesquieu, initié en 1730. À partir de 1732, la Franc-maçonnerie française s'organise elle-même mais prend comme Grands maîtres des personnalités anglaises. Elle n'acquiert son indépendance qu'à la Saint-Jean d'hiver de 1735 pour devenir la Grande Loge de France.

Cependant André Kervella a montré que dès 1720, les ports bretons habitués aux grands négoces, plus particulièrement Brest, Morlaix, Saint-Malo, ont été marqués par l'apport de quelques marins anglais initiés à la Maçonnerie. De même les régiments écossais partisans des Stuart ont pu avoir une influence sur les régiments français. On peut s'étonner du développement rapide de la Maçonnerie française et l'on y remarque des différences notables entre les rituels pratiqués des deux côtés de la Manche, ce qui permet de supposer qu'il a pu exister une maçonnerie spécifiquement française s'appuyant sur des rites compagnonniques continuant de vivre sur notre sol.

Les différences sont encore plus sensibles sur le plan religieux. La France, fille aînée de l'Église catholique romaine, reste fort attachée à ce culte. Aussi la Franc-maçonnerie française ne recopie pas servilement la Maçonnerie d'Angleterre ; elle paraît se servir d'autres sources qui nous restent inconnues. À cause des interdits des pouvoirs royaux et religieux, les documents français ont été détruits alors qu'en Angleterre, la liberté étant plus large, ils ont pu être conservés.

Une origine controversée

Deux régiments accompagnent Jacques II à Saint-Germain-en-Laye, soit 17 000 gardes avec le *Royal Irlandais* du régiment de Walsh, tenant une loge, *La Parfaite Égalité*, et le régiment de Dillon qui aurait eu la loge *La Bonne Foi*.

Ces loges ont donné leurs noms à deux Ateliers, l'un de la Grande Loge de France, *La Parfaite Égalité*, installée en 1967, et l'autre du Grand Orient de France, *La Bonne Foi*, créée le 10 juillet 1778. Selon une thèse fort controversée, les loges de ces deux régiments seraient à l'origine de l'introduction de la Maçonnerie en France, en 1688 et même, pour certains, en 1 649. Aucun document ne confirme ces dires. Mais il est indéniable que des groupes maçonniques ont existé bien avant 1 717. Il est alors tentant de penser que ces deux loges installées à Saint-Germain-en-Laye, où, dans la forêt, des bâtiments donnent sur une immense esplanade, le Camp des loges, ont pu donner naissance à d'autres Ateliers en se disant « enfants de la Veuve », la veuve étant l'épouse du roi anglais décapité ! Ces échos anciens, vrais ou rêvés, en marquant l'imaginaire, ont créé des mouvements bien réels.

On peut penser à d'autres courants maçonniques venus d'Angleterre. Charles II a eu deux bâtards légitimés : Charles Radcliffe, Lord Derwentwater, est devenu le Grand Maître de la Grande Loge de Londres, et Charles Lennox, duc de Richmond. Le fils du duc de Richmond et de son épouse française Louise de Kerouালle, duchesse d'Aubigny, conserva son titre anglais et devint Grand Maître de la Grande Loge de Londres en 1724, mais en France, portant le titre de duc d'Aubigny, il initia le duc d'Antin, qui fut le premier Grand Maître de la Maçonnerie française.

Les loges de régiment

Si d'après des témoignages oraux, des régiments écossais et irlandais ont pu posséder leurs loges à Saint-Germain-en-Laye en 1 649 et en 1 688, nous n'avons cependant aucune certitude sur ces faits, n'ayant la connaissance de l'existence des loges de régiment qu'à partir de 1 730. Avec l'installation de la Maçonnerie en France, il était de bon ton pour la haute société d'appartenir à ce mouvement toléré et non reconnu. Les nobles, très souvent militaires, se font facilement initier. C'est principalement à partir de 1 744 que ces créations acquièrent toute leur importance.

L'essor des loges militaires est considérable sous Napoléon 1er. En s'installant dans les pays conquis, durant les repos, ces loges reçoivent les habitants francs-maçons de la localité et même initient des notables. Ce qui permet des rapprochements fraternels entre personnalités et des rapports courtois avec la population. Lorsque le régiment se déplace, la loge ainsi formée continue de fonctionner avec les membres locaux. Il n'est pas rare de voir actuellement des loges allemandes ayant conservé leurs titres français... On a même relevé quelques cas où, lors d'un répit, des Francs-maçons appartenant aux deux armées ennemies se sont réunis fraternellement et repris ensuite le combat. De même généraux et maréchaux initiés aux mystères maçonniques peuvent se combattre sans merci, comme cela s'est produit à Waterloo.

Les loges militaires ont été interdites en 1 845.

Le Chevalier Ramsay (1 737)

André Michel Ramsay occupe une place à part dans l'histoire de la Franc-maçonnerie et plus particulièrement dans celle des Hauts Grades, non pas qu'il ait formé un rite mais parce que sa pensée a eu une influence certaine sur la création des grades chevaleresques qui prolongent la Maçonnerie de métier.

Qui est Ramsay? Il est né en Écosse, à Ayr, le 9 juin 1686 et non juillet comme l'indique Gustave Bord. Après des études de théologie à l'Université d'Edimbourg, il renonce à faire carrière dans l'église presbytérienne d'Écosse. À l'âge de 21 ans il devient précepteur près de grandes familles, métier qu'il exercera toute sa vie.

Ramsay a été calviniste écossais, quaker, anabaptiste et presbytérien pour enfin devenir catholique en 1 709. Après avoir servi en Flandres dans l'armée anglaise, cet admirateur de Fénelon se rend à Cambrai où il est attaché à la maison de l'archevêque d'août 1710 à 1 714. En 1 723, le régent Philippe d'Orléans le nomme chevalier de l'Ordre de Saint-Lazare de Jérusalem et le prince Stuart l'établit baronnet d'Écosse. Comblé d'honneurs, l'émigré jacobite regagne Londres. Ce catholique défenseur de la cause des Stuart, rallié à la nouvelle monarchie hanovrienne, est reçu *fellow* dans la *Royal Society* le 11 décembre 1729, où il rencontre Désaguliers. En 1730, nommé docteur *honoris causa* en droit civil par l'Université d'Oxford, il est initié Franc-maçon, vraisemblablement le 17 mars 1730, au Palace Yard de Westminster par la loge *The Horn*, dont le duc de Richmond a été le vénérable. Deux mois plus tard la même loge « donne la lumière » à Montesquieu.

Cependant Ramsay reste épris de la Maçonnerie stuardiste. Dans ce contexte, il a été dit, sans preuve, qu'il a été chargé d'espionner dans les deux clans et même pour le gouvernement français ; d'autres auteurs affirment qu'il a été manœuvré par les Jésuites qui auraient désiré ramener la Franc-maçonnerie au catholicisme, « rendre l'athée déiste, puis le déiste chrétien et enfin le chrétien catholique ». Montesquieu dit de Ramsay que c'est un homme fade et flatteur.

Sous la direction du Grand Maître Derwentwater il devient l'orateur de la Grande Loge de Paris en 1736-1737, à un moment où le pouvoir royal s'inquiète de l'influence des loges maçonniques placées sous le contrôle des Grands Maîtres anglais. Aussi le Chevalier Ramsay, fort estimé à la cour, demande aux loges de nommer un Grand Maître capable de rassurer les autorités françaises.

En tant que Grand Orateur, le chevalier prépare un discours qu'il doit prononcer à la Saint-Jean d'Hiver de 1736, lors de la réception des loges parisiennes par Charles Radclyffe, comte de Derwenwater, ancien Grand Maître de la Grande Loge de Londres, qui pour sa fidélité au Prétendant va être décapité à Londres.

Ce *Discours*, légèrement modifié, n'est lu qu'en mars 1737 et ce n'est qu'après la mort de Lord Derwentwater que, Ramsay étant devenu catholique et anti-protestant, il est prononcé à la Saint-Jean d'été de 1738, le duc d'Antin, pair de France, devenant Grand Maître Général et Perpétuel des Loges de France.

La Franc-maçonnerie française s'émancipe, devient indépendante par rapport à l'Angleterre, et elle abandonne les objectifs politiques poursuivis par la famille des Stuart. Ce morceau d'éloquence sur le thème « Les Maçons et la Maçonnerie » est finalement publié dans *L'almanach des Cocus* en 1741.

L'excommunication

Jusqu'à présent la Franc-maçonnerie, institution tolérée, est restée indépendante et les pouvoirs publics ne s'occupent pas de ce groupe apolitique. Le discours de Ramsay implique que l'Ordre Maçonnique soit reconnu officiellement par le pouvoir royal et par contre-coup par la religion d'État, l'Église catholique romaine. En 1737, Procope, fils du célèbre restaurateur, a publié une *Apologie des Francs-Maçons*, et en juillet le marquis de Calvières a installé en Avignon, dans les États du pape, la loge stuardiste *Saint-Jean l'Ancienne*. De nombreux prêtres sont Francs-maçons et chacun peut penser que l'Église de Rome n'est pas hostile à cette institution. La démarche de Ramsay ne doit cependant pas plaire à tous les Frères puisque le chevalier ne paraît plus fréquenter les ateliers à partir de 1738.

Le Vatican ne prend aucune position contre la Franc-maçonnerie jusqu'en 1736, sans doute parce qu'il espère que le roi Stuart, très catholique, retrouvera son trône et que cette branche de la Maçonnerie, en soutenant son roi, fera face à la montée du protestantisme.

Ce n'est que lorsque le Prétendant est définitivement évincé du trône anglais que le 4 mai 1738, le pape Clément XII promulgue sa bulle *In Eminenti*, première condamnation de la Franc-maçonnerie. Comme dans le cas du Compagnonnage, le fait de ne vouloir révéler « à père, mère ou confesseur » le secret des réunions est un motif suffisant, mais bien des raisons politiques s'y greffent, la Maçonnerie anglaise à tendance protestante ne prenant pas la défense des Stuart catholiques.

La bulle n'étant pas enregistrée par le Parlement, celle-ci est inopérante en France. Le 24 juin 1738, Louis de Pardaillan de Gondrin, duc d'Antin, succède à Lord Derwentwater comme premier Grand Maître français de la Franc-maçonnerie pour former la Grande Loge de Paris, dite Grande Loge de France.

Une initiation au XVIIIe siècle - Musée-Archives-Bibliothèque de la GLDF

La Grande Loge de Londres pratique depuis 1732 le grade de Maître en y incorporant la légende d'Hiram ; en 1738 elle réédite ses Constitutions de 1723 en y apportant de légères variantes. C'est encore en cette année 1738, le 14 août, qu'a lieu l'initiation de Frédéric II, futur roi de Prusse, en son château de Postdam alors qu'une Maçonnerie d'adoption apparaît à Vienne (Autriche), l'Ordre des Mopses.

Le Discours

Que contient le discours de Ramsay ? Ses versions, remaniés selon le cadre où ils devaient être prononcés, ont été rééditées en 1999 par Georges Lamoine aux éditions SNES à Toulouse. D'une manière générale il s'agit d'un commentaire se rapportant essentiellement aux trois premiers degrés considérés comme les étapes d'une ascension spirituelle. Ramsay montre la conception initiatique de l'Ordre ; il prône une religion naturelle et universelle, fait une large référence au récit biblique de Noé, véritable ancêtre de notre civilisation puisque la génération d'Adam a été anéantie par le déluge. La religion noachite remplace l'ère adamique.

Dans la seconde partie de son discours, Ramsay traite l'origine et l'histoire de la Franc-maçonnerie ; romancier, il devient lyrique, et il affirme, non sans audace, que les Croisés ont fondé la Maçonnerie. C'est dépasser l'opinion d'Anderson selon lequel les ordres militaires et religieux ont « emprunté maints usages solennels » à l'ancienne confrérie des maçons. Hardiment, il relie la Maçonnerie issue du métier à l'épopée chevaleresque créée pour la défense des lieux saints. C'est aussi vouloir se rapprocher de l'esprit de l'Église catholique romaine et envisager d'être reconnu par le pape.

Ramsay n'a pas institué le régime des Hauts Grades, mais il a su retenir l'attention des Maçons, canaliser leurs aspirations en créant une nouvelle vocation spirituelle. Son *Discours* a exercé une profonde influence.

Conclusion

Vouloir définir la genèse spirituelle de la Franc-maçonnerie est une gageure. Les sources mythiques sont également incertaines. Le système comparatif devient très complexe car toutes les traditions, issues de la même entité originelle, en apportant divers éléments initiatiques de grande valeur, ne sont que les multiples facettes d'une unique vérité qui nous demeure mystérieuse. En dehors de la rivalité entre religions naturelles et religions révélées s'ajoutent ainsi de subtiles influences. Il faudrait étudier toutes les ramifications très embrouillées, analyser d'autres Constitutions qui toutes s'enchaînent pour révéler de nouvelles règles qui, en définitive, ne sont que des altérations temporaires d'une conception unitaire. Nous n'avons à notre disposition que quelques repères, bases de nos interprétations.

Depuis son origine, l'homme a travaillé tant par ses mains que par son esprit ; il a concilié le matériel et le spirituel, tout comme la nature sait allier les deux principes qui par leur opposition apparente donnent vie et mouvement. Nos Constitutions de 1723, charte essentielle de notre Ordre, puisent dans plusieurs parcours spirituels, dont les *Vieux Devoirs*, qui exposent les lois de géométrie et d'harmonie.

Ils ne sont eux-mêmes qu'une trame de règlements beaucoup plus anciens, remontant bien avant l'ère chrétienne mais s'épanouissant à l'époque médiévale, lors de l'essor architectural en Occident, lui-même imprégné de la mythologie celte, puis celto-latine, un courant très important occulté par le christianisme naissant. Le néodruidisme s'est révélé l'année de la naissance de la Grande Loge de Londres où les mêmes hommes ont fréquenté les deux confréries tout en appartenant bien souvent à la *Royal Society*.

Moins intellectualisés que de nos jours, nos anciens Maçons ont recruté parmi les artisans, les paysans, les marins, si ce n'est dans le Compagnonnage lui-même. Aujourd'hui, nos loges essaiment et forment de nouveaux Ateliers. Pourquoi n'en était-il pas de même à l'époque médiévale où l'accroissement des chantiers a pu faire naître une « Franc-maçonnerie opérative » conduite par l'équipe de l'architecteur, maître d'œuvre travaillant avec un Compagnonnage composé d'ouvriers hautement spécialisés ? Les rites initiatiques des métiers manuels ont pu permettre l'apparition d'un mouvement proche d'eux, la Maçonnerie spéculative, également très fermée, non reconnue par le pouvoir et cependant fréquenté par la noblesse et la bourgeoisie. Agricol Perdiguier, Compagnon menuisier devenu Franc-maçon et député, est un bel exemple de la relation entre Compagnonnage et Franc-maçonnerie.

Ce qui peut aussi expliquer les dissemblances observées entre les rituels français et anglais, ces derniers étant cependant la souche de ce vaste mouvement spirituel.

Tout l'imaginaire maçonnique s'inscrit dans la fonction de la construction, dans cette harmonie universelle que marque toute vie cosmique. En accomplissant les rites de l'Art Royal, on s'élève dans l'expression spirituelle la plus dépouillée car on construit pour le seul bien de l'homme, tant moral que matériel, mais on n'entreprend pas de guerre sainte pour ruiner ceux qui emploient un autre vocabulaire. En dehors de la matérialité des faits historiques, recherchons la loi d'amour qui unit tous ces apports harmoniques. Avec humilité, pénétrons l'esprit intérieur de chaque chose et dans un élan commun, retrouvons la valeur sacrée qui l'anime.

Cette méthode initiatique conduit à notre libération individuelle et par suite à un progrès collectif. La Franc-maçonnerie, gardienne de l'esprit qui édifie nos lois cosmiques, est un des derniers bastions permettant de respecter la perfectibilité humaine.

Lacs d'amour : « *qui me tire m'unit* ». Gravure de 1702

Origines et fondements du Rite Écossais

par Jean-Jacques Gabut

Dès que l'on aborde l'histoire de l'Écossisme, toute une série d'obstacles se dressent devant soi. Le premier concerne l'origine même du mot « écossais ». Le second touche à la date de naissance du Rite, que personne ne connaît encore avec certitude. Le troisième enfin, le plus délicat, va nous conduire à étudier par quelles voies, à travers quelles filiations, ce Rite, le seul qui soit « vraiment authentiquement français » pour reprendre l'affirmation citée par Albert Lantoine, du Bureau International des Relations Maçonniques de Berne en 1902, a pu éclore sur le sol de notre pays.

Il faut, pensons-nous, prendre le terme *écossais* dans son essence même et le rapprocher alors de deux faits indiscutables: tout d'abord, bien avant la création de la Grande Loge de Londres et partant de la Grande Loge de France dite de Clermont, il existait sur le sol de France des Loges regroupant des initiés écossais partisans des Stuart. Le second fait est que – tout le monde en est d'accord – c'est bien un Écossais, le Chevalier Ramsay, lui-même partisan des Stuart, qui par son discours de 1736 posa les bases mêmes du Rite.

De fait, si l'on ignore la date officielle de naissance du Rite – ce qui lui est encore spécifique puisque l'on sait fort bien par exemple que le Rite français date de 1786 et le Rite écossais rectifié de 1778 – il semble qu'il ait existé dès 1730 des « Maîtres écossais » dont l'Abbé Pérau nous dit dans son ouvrage, qu'ils constituaient à ce qu'il prétend, un « *certain ordre supérieur aux Maçons ordinaires* ».

Si toutes les créations avancées par les historiens du XIXe siècle sont plus ou moins mises en doute par les historiens modernes tels Daniel Ligou ou Pierre Chevallier et même A. Lantoine, qui ne voit qu'une « fable » dans la « bulle d'Arras » de Charles Édouard Stuart, il semble que l'on ne puisse réfuter l'existence, le 24 novembre 1754 à Paris, d'un *Chapitre de Clermont* par les bons soins du Chevalier de Bonneville – toujours un partisan des Stuart! – et placée sous les auspices du comte de Clermont ainsi que d'une Loge *Saint-Jean de Jérusalem* attestée en 1755 et dont les statuts en 44 articles « *scellés du sceau mystérieux de la Loge écossaise toujours sous l'égide du comte de Clermont* », proclamaient la suprématie des grades écossais.

De même, on connaît bien le *Conseil des Empereurs d'Orient et d'Occident* fondé en 1758 à Paris, dont le rôle fut déterminant dans la création ultérieure des Suprêmes Conseils puisque c'est lui et la *Grande et Souveraine Loge Saint-Jean de Jérusalem* qui donneront au Frère Morin sa patente de député Grand Maître Inspecteur pour instaurer aux États-Unis le système des hauts grades en 25 degrés codifié en 1762.

Quoi qu'il en soit de ces créations mythiques ou réelles et de leurs dates précises, il est certain que les hauts grades écossais auront un succès foudroyant tout au long du XVIIIe siècle.

Dès 1728, si l'on en croit Daruty, reprenant Clavel, Ragon, Thory, Jouaust, un peu plus tard si l'on s'en rapporte aux historiens modernes, en tout cas certainement à partir de 1744. Il semble bien que le terrain était déjà préparé en France dès le XVIIe siècle par les Loges stuardistes qui faisaient de l'Écossisme un courant spécifique, infiniment plus proche en vérité du catholicisme le plus orthodoxe – suivant en cela l'exemple de la Maçonnerie opérative – que du protestantisme qui allait marquer plus spécialement le Rite Écossais Rectifié, ou de l'anglicanisme de la néomaçonnerie andersonienne.

Cette spécificité catholique du Rite à ses origines est attestée par un historien contemporain, notre Frère Robert Ambelain, peu suspect de sympathie envers l'Église Romaine. Il affirme l'existence de ces Loges militaires stuardistes dont il donne à la fois les titres distinctifs et les noms des Frères qui les composaient, insistant tout particulièrement sur la loge de la Garde Écossaise qui fut très longtemps la garde personnelle de nos rois. Il cite l'existence, dès 1593, d'une « Rose-Croix Royale » fondée par Jacques VI d'Écosse avec 32 Chevaliers de Saint-André du Chardon qui aurait précédé l'Ordre des Maîtres Écossais de Saint André rouvert officiellement en 1687 par Jacques II Stuart.

L'Écossisme comme drapeau

Ce qui est particulièrement intéressant dans cet Ordre Royal d'Écosse, c'est qu'Ambelain y voit un instrument (maçonnique) privilégié destiné à lutter contre «la déchristianisation » d'Anderson et la nouvelle rituélie imposée par le pasteur et les Modernes en 1721.

En effet, si cela est, le Rite Écossais se situerait bien dès son origine dans l'héritage des « Anciens », dans le droit fil de la Maçonnerie opérative de confession catholique. On peut évoquer à ce propos la pratique des « Trois Coups » qui était en usage dans les loges écossaises au XVIIe siècle où la réception au grade de Compagnon était sanctionnée par trois coups de maillet du Vénérable sur la tête du compas pointé par le récipiendaire sur son cœur découvert, la main droite sur l'Évangile de Jean. Cet usage se perpétuait dans toutes les loges jacobites de France où les trois coups étaient frappés par allusion à un symbolisme religieux indiquant que l'Esprit Saint procédait par spiration du Père et du Fils. Point ne serait besoin de recourir alors, comme certains auteurs l'ont fait, avec une certaine légèreté, semble-t-il, au « complot des Jésuites » se servant des hauts grades écossais de la Maçonnerie pour parvenir à leurs buts. L'esprit catholique des Loges stuardistes était là… Il suffisait à Ramsay de le recueillir et d'y apporter sa propre vision de l'Écossisme. Ce qu'il allait faire avec talent dans son fameux discours prononcé le 26 décembre 1736 (?) à la Tenue de Grande Loge de la Saint-Jean d'hiver.

D'emblée Ramsay ajoute une filiation chevaleresque à la filiation opérative de l'Ordre, né, rappelle-t-il, dans les corporations de bâtisseurs au temps de Salomon. Ce sont les Croisés, affirme-t-il, qui ont retrouvé en Terre Sainte la filiation opérative et lui ont adjoint son caractère chevaleresque ne faisant ainsi que reprendre l'exemple des « *Israélites lorsqu'ils élevèrent le second Temple, la truelle et le mortier d'une main, de l'autre l'épée et le bouclier* ». C'est à ces mêmes croisés, ajoute-t-il, que nous devons nos « *signes figuratifs et nos paroles sacrées, inventés par eux pour se garantir des Sarrasins* ».

Certes, dans ses principes généraux, le discours de Ramsay peut être considéré comme l'un des fondements de l'Ordre en général, quels que soient les Rites. Il en va ainsi lorsqu'il définit les objectifs de la Franc-maçonnerie : « *réunir tous les hommes éclairés par les grands principes de vertu, de science et de religion* ». Il en va ainsi également lorsqu'il rappelle l'héritage des mystères antiques, lorsqu'il parle de l'exclusion des femmes dont la présence pourrait « *altérer la pureté* » de nos mœurs et même lorsqu'il évoque l'universalisme propre à l'Ordre en ces termes : « *le monde entier n'est qu'une république dont chaque nation est une famille et chaque particulier un enfant* ».

Cet universalisme, il l'emprunte à Cicéron, qui déclarait : « *l'univers est une grande république dont les dieux inférieurs et les hommes sont les citoyens et le Grand Dieu Tout Puissant le Prince et le Père commun. Si la raison est commune à tous, la Loi nous est commune aussi* », mais surtout à son père spirituel Fénelon qui avait affirmé dans le *Télémaque* : « *tout le genre humain n'est qu'une famille dispersée sur la face de toute la terre.*

Tous les peuples sont frères et doivent s'aimer comme tels ». Comme Fénelon aussi, Ramsay se fait l'apôtre d'une idée neuve pour les Français de l'époque : la tolérance.

« *Dieu ne créa pas les peuples esclaves du prince mais il a créé les princes pour ses sujets, pour les aimer, pour les soutenir, sinon il est un* « tyran », écrit-il dans son *Apologie du Taciturne*, ajoutant : « *nous avons commencé à faire admettre la liberté de conscience* ». Il faisait ainsi écho au *Cygne de Cambrai*, Fénelon, qui avait eu ces paroles prophétiques en 1723 : « *quand les souverains s'accoutument à ne connaître d'autres lois que leurs volontés absolues, ils sapent le fondement de leur puissance. Il viendra une révolution soudaine et violente qui, loin de modérer leur autorité excessive, l'abattra sans ressource* ».

Ne sont-ce pas là les principes de base de toute la Franc-maçonnerie. écossaise ou autre ? Mais ce que Ramsay va apporter en plus et qui fera la spécificité de l'Écossisme, même s'il n'en est pas le créateur mais seulement « l'inspirateur », tout comme Fénelon, selon Naudon, en est « *indiscutablement le père spirituel* », c'est cette filiation «écossaise ».

Ramsay a fait son discours en France et pour des Français. A ceux-ci il a rappelé « *l'étroite alliance* » des Français et des Écossais à qui « *nos Rois confièrent la garde de leur personne sacrée* ». Ce faisant, Ramsay n'avait d'autre but que de faire échapper les Frères français à l'influence anglaise et à l'anglicanisme.

Un rite spécifiquement écossais

Mais la spécificité de l'Écossisme prôné par Ramsay va probablement encore plus loin. Il semble bien en effet que le contenu de la légende d'Hiram serait bien née en Écosse. J'en vois la preuve dans l'édification au XVe siècle, au sud d'Edimbourg, dans l'ancienne commanderie de Balantradoch, de Rosslyn Chapel, cette cathédrale inachevée dédiée à la Vierge Marie où l'on voit un « pilier de l'apprenti » destiné à commémorer le meurtre d'un apprenti par un maître jaloux de l'œuvre que le premier avait su terminer en dépassant le second en science et beauté. La tête du meurtrier a été sculptée au-dessus de la porte occidentale au côté d'une femme que l'on appelle la *Mère-veuve*. L'apprenti-maçon est ainsi nommé *fils de la Veuve*, et cela des siècles avant l'introduction du mythe d'Hiram. Il est à noter que Rosslyn Chapel fut bâtie par les Sinclair, famille dont les membres furent par la suite tous liés à la Franc-maçonnerie.

Même si le mythe connaît là une étrange « inversion », le fait n'en tendrait pas moins à prouver que la légende d'Hiram était déjà connue en tout ou en partie dès le XVe siècle par les Maçons écossais. La création du 3e grade, ignoré au moins jusqu'en 1730 par la Maçonnerie moderne anglo-saxonne, serait ainsi une spécificité de plus du Rite Écossais. Pour A. Lantoine, cela ne fait aucun doute : le grade de Maître fut créé par la Rose-Croix jacobite et donc pratiqué dans les Loges écossaises d'Acceptés en territoire français bien avant son apparition officielle dans la Maçonnerie dite spéculative : « *la Franc-maçonnerie anglaise*, écrit Lantoine, *a pris aux Écossais leur grade de maître comme la chrétienté s'est enrichie ingénument de certaines dépouilles du paganisme* ».

La difficulté à laquelle se sont heurtés tous les historiens du R.E.A.A. vient du fait que l'on n'a pas très bien observé, à mon sens, qu'il pouvait y avoir sur le sol écossais deux traditions maçonniques quelque peu différentes. Celle des opératifs, proche de la Grande Loge de Londres qui suivra le même destin, après 1717, que la Maçonnerie anglaise. Et celle, plus souterraine sans doute, de ces Loges de Maçons Acceptés dont toute l'île de Grande Bretagne sera parsemée dès la fin du XVIe siècle et où les influences extérieures, celles des Chevaliers du Temple notamment, se feront particulièrement ressentir. Ce qui n'empêche pas bien sûr, comme l'a fort justement souligné l'historien britannique Robert-Freke Gould, qu'une des particularités du R.E.A.A. vient des liens étroits entretenus par l'Écosse avec la France. C'est en France que « *les Écossais vont chercher leurs modèles* » ajoute-t-il, semblant ainsi accorder foi à la tradition qui voudrait que le rite introduit par les Écossais ait été ensuite modifié, élaboré et perfectionné par les Français, ce qui, après tout, n'est pas du tout une incongruité... On sait en effet que les rituels opératifs étaient brefs, sommaires même pourrait-on dire, et que n'y entraient pratiquement que des éléments de métier.

L'existence d'un « autre Écossisme » expliquerait l'hostilité affichée de la Grande Loge d'Écosse aux Hauts Grades Écossais de France et la création en 1750 d'un « Ordre Royal d'Écosse de Heredom de Kilwinning », réplique écossaise mais anglicane à l'Écossisme de France qu'il tint à combattre sur son propre terrain en créant à son tour des Chapitres de Hauts Grades, ce qui ne fit qu'ajouter à la confusion. D'où la nécessité d'une remise en ordre qui aboutit d'abord au « Système de 1762 » puis aux « Grandes Constitutions » de 1786 (faussement attribuées à Frédéric II de Prusse) et enfin à la création des Suprêmes Conseils des États-Unis (Charleston en 1802) et de France (en 1804).

Une fois l'impulsion donnée, il convenait d'échafauder un système cohérent. Qui soit à la fois l'héritier des traditions anciennes et le creuset des disciplines ésotériques nées des courants de la Rose-Croix, de l'Hermétisme et de la Kabbale... Ce sera la tâche des Maçons anonymes qui cent fois sur le métier remettront leur ouvrage, patiemment, obstinément, en n'omettant aucune source, aucune voie de la « Gnose », en voulant que le Rite Écossais soit vraiment la quintessence du savoir initiatique. C'est là que nous touchons à l'essence même du Rite et à sa constitution.

L'arbre opératif et ses greffons

Nous allons donc tenter de dénombrer tous ces «greffons » qui ont pu survivre sur l'arbre opératif de la Franc-maçonnerie écossaise. Nous verrons d'abord le dépôt des traditions anciennes, puis, nous tenterons d'analyser et de déchiffrer ces «influences spirituelles » qui ont donné au Rite sa forme définitive.

Mais d'abord il convient de noter que seul le R.E.A.A. unit en son sein à la fois la tradition opérative et la tradition chevaleresque, la tradition hermétique et la tradition alchimique, le templarisme et l'ésotérisme chrétien, l'héritage de Pythagore et celui de Zoroastre, la filiation égyptienne et la Kabbale hébraïque. Bref, à travers les hommes et les courants ésotériques les plus divers, il est le seul à nous offrir ainsi la plus authentique, la plus universelle quête du Graal.

Nul ne peut nier aujourd'hui du moins tant que le champ de nos investigations protohistoriques et préhistoriques ne nous permettra de remonter plus haut dans le temps, que tout s'inspire de l'Égypte antique. C'est là le berceau de notre civilisation, c'est là surtout la source de notre quête initiatique. La légende d'Osiris, même si elle est quelque peu différente dans sa forme, a précédé la légende d'Hiram et rien n'empêcherait en fait de les substituer l'une à l'autre. Nous avons hérité dans nos temples de beaucoup de symboles visibles sur les fresques ou dans les bas-reliefs des temples égyptiens. Cela va de la couleur des deux colonnes, blanche et rouge, comme dans le temple de Thèbes jusqu'au signe de salutation des Compagnons déjà usité quelques millénaires avant nous par les initiés égyptiens. Le recensement serait long et même fastidieux de ces preuves de l'héritage que domine la figure énigmatique de Thot-Hermès, celui dont les Grecs feront le Trismégiste, le Trois Fois Grand, car à la fois roi, législateur et prêtre.

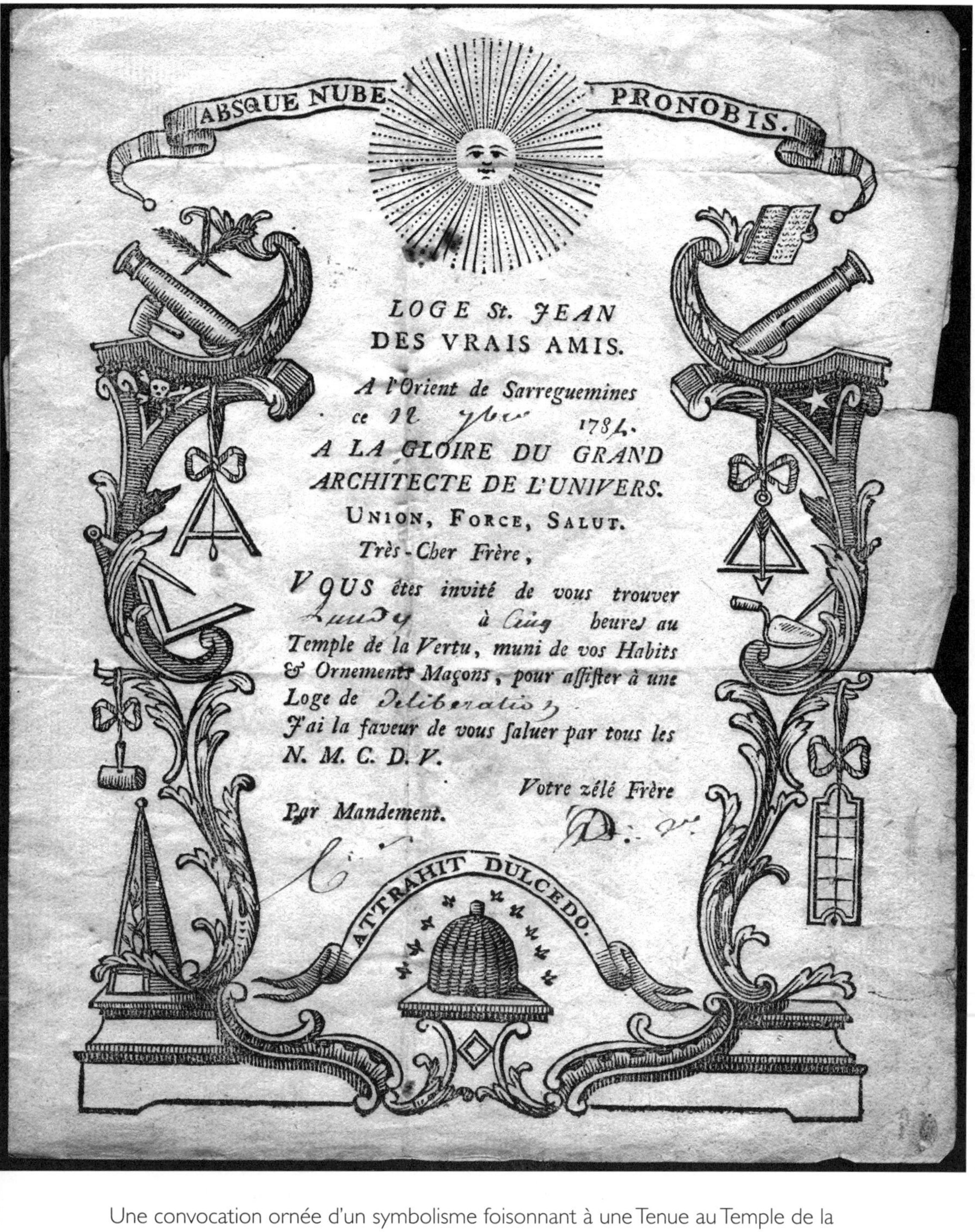

ABSQUE NUBE PRO NOBIS.

LOGE St. JEAN
DES VRAIS AMIS.

A l'Orient de Sarreguemines
ce 12 7bre 1784.

A LA GLOIRE DU GRAND
ARCHITECTE DE L'UNIVERS.

UNION, FORCE, SALUT.

Très-Cher Frère,

VOUS êtes invité de vous trouver Lundy à Cinq heures au Temple de la Vertu, muni de vos Habits & Ornements Maçons, pour assister à une Loge de Deliberation.
J'ai la faveur de vous saluer par tous les N. M. C. D. V.

Votre zélé Frère

Par Mandement.

ATTRAHIT DULCEDO.

Une convocation ornée d'un symbolisme foisonnant à une Tenue au Temple de la Vertu de la Loge *Saint-Jean des Vrais Amis*, en 1784. M.A.B. de la GLDF.

Mais à travers l'Égypte bien d'autres arcanes nous sont parvenus : les 22 symboles primitifs ont donné les 22 lettres de l'alphabet hébraïque et les 22 lames du Tarot. Parmi ces 22 symboles figurent bien sûr l'oudjat, l'œil sacré d'Horus, que nous retrouvons au cœur du Delta, et l'Étoile Flamboyante que les Pythagoriciens mettront à leur tour au cœur de leur enseignement secret avant de le transmettre – sans solution de continuité, croyons-nous pouvoir affirmer – aux confréries de bâtisseurs.

Fille de la tradition égyptienne, la tradition alchimique et hermétique du Moyen Âge a, elle aussi, profondément marqué le R.E.A.A. De même les influences pythagoriciennes sont nombreuses et profondes. La symbolique du Nombre, héritée elle aussi de Pythagore et de sa sainte *Tetraktys* « qui est la racine et la source du flux éternel de la Création » inspire tout particulièrement l'ordonnancement du Rite par le jeu des maillets, par la force des batteries, par les âges, les dates et les heures…

Une autre science des Nombres, la Kabbale hébraïque, pénètre profondément l'ésotérisme maçonnique. L'arbre séphirotique pourrait en soi être appliqué à tout le système des 33 degrés qu'il renferme dans ses dix séphiroth. La Kabbale en ce sens est une des voies de réflexion et de méditation que peut suivre le maçon écossais pour son cheminement initiatique vers le Grand Architecte de l'Univers et sa compréhension des rapports de l'homme avec la Divinité.

Mais, même si le judaïsme, ésotérique ou non, a pénétré la Franc-maçonnerie écossaise à laquelle il a donné notamment la plupart de ses mots de passe et de ses mots sacrés, c'est encore l'ésotérisme chrétien qui est véritablement la moelle, la substance même de l'Écossisme. Ce que le R.E.A.A. partage pour une fois avec un autre rite, le Rite Écossais Rectifié. « *Il y a des veines secrètes, extra-organiques pourrait-on ajouter, dont l'Histoire apparente ne rend pas compte* », dit ainsi fort justement notre frère Jean Tourniac.

La voie initiatique du R.E.A.A. est davantage celle d'une « alchimie spirituelle » qui vise à transformer le plomb de l'intellect en or mystique que la Franc-maçonnerie conserve précieusement en dépôt.

Ce dépôt n'aurait toutefois peut-être jamais pu exister si l'Arbre opératif n'avait reçu un ultime greffon. Le plus important sans doute, celui qui est la clef de la transformation de la Franc-maçonnerie opérative en Franc-maçonnerie non pas spéculative mais spirituelle : le greffon de la Chevalerie.

De la truelle à l'épée

Né sous le double patronage de l'Orient et de l'Occident, le R.E.A.A. semble ainsi porter dans ses gènes le souvenir de l'alliance contractée en Terre Sainte entre certains Croisés – Templiers et autres – et initiés musulmans. Ces hommes, revenus en France, porteurs de lourds secrets, sans doute aussi incommunicables que les nôtres mais potentiellement dangereux pour l'orthodoxie religieuse la plus étroite, apportaient en même temps par leurs qualités propres une « aristocratie de l 'esprit » que le monde occidental ne connaissait plus. Seuls jusqu'ici les clercs avaient accès au savoir. Beaucoup d'entre eux ne s'en privaient pas et ne se gênaient pas pour affirmer parfois des opinions hétérodoxes, à la limite de l'hérésie. Mais avec le retour de ces Croisés initiés par d'autres croyants, transformés dans leur âme et dans leur chair par la découverte de mondes nouveaux, de mœurs nouvelles, de philosophies nouvelles, les clercs ne seront plus les seuls à détenir cette « aristocratie de l'esprit ». Que se passa-t-il alors ? Eh bien tout simplement, tout naturellement, je le crois, car il ne pouvait en être autrement, il y eut une symbiose, une fusion de plus en plus importante entre cette aristocratie de l'esprit détenue à la fois par les clercs, les moines chevaliers et certains laïcs initiés et « l'aristocratie du métier » que possédaient déjà, il y a longtemps, les maçons opératifs. Avec la chute de l'Ordre du Temple, cette fusion ou cette symbiose ne put que s'accélérer.

Certes, ce ne sont pas les Croisés dans leur ensemble, comme le discours de Ramsay pourrait le laisser supposer à un lecteur inattentif, pas plus que les Templiers dans leur ensemble qui étaient porteurs de ces lumières venues d'Orient. De même que les maçons dans leur ensemble n'étaient pas prêts à les recevoir, ou tout simplement à les admettre.

Pierre tombale d'un Maître maçon - 1616.
M.A.B. de la GLDF

La Franc-maçonnerie était alors rigoureusement fidèle en corps et en esprit à la Sainte Église romaine. Pour des opératifs, il y a toujours trahison lorsqu'on veut substituer aux secrets du métier, aux mots du métier, d'autres secrets, d'autres mots. Ce qui expliquerait d'ailleurs parfaitement l'éclosion un peu plus tard du courant compagnonnique – né réellement, ne l'oublions pas, au XVe siècle ! – qui, lui, en restera jalousement, exclusivement, à la tradition du Métier.

Or, la Maçonnerie anglaise, celle qui ne reconnaît aujourd'hui encore que les trois premiers grades – oublions la « marque » et le «maître installé » – n'était-elle pas précisément dans la même disposition d'esprit qui lui fit refuser d reconnaître d'autres sources que l'origine corporative et religieuse ? Baylot lui-même a très bien démontré l'erreur des ritualistes anglais qui ne veulent attribuer « *qu'à l'ensouchement corporatif en totale exclusivité* » l'ascendance de la Franc-maçonnerie dite spéculative, alors que, souligne-t-il, celle-ci est née tout autant de « *courants de recherche philosophique et mystique confluents au XVIIe siècle d'un riche et foisonnant passé* ».

À cette osmose Orient-Occident, tous les grands Ordres chevaleresques participèrent. Aussi bien l'Ordre des Hospitaliers de Saint-Jean – qui deviendra plus tard l'Ordre de Malte – que celui du Saint-Sépulcre, aussi bien l'Ordre de Sainte-Marie des Teutoniques que celui de Saint-Lazare de Jérusalem et, bien sûr, l'Ordre de la Milice du Christ, plus connu sous le nom d'Ordre du Temple.

Or la thèse de la filiation templière dans la Maçonnerie écossaise et par le biais de l'Écosse elle-même vient de recevoir aujourd'hui un singulier renfort au terme d'une enquête passionnante menée par deux journalistes et historiens britanniques, Michaël Baigent et Richard Leigh, enquête dont nous avons pu nous-même, avec beaucoup de Frères, contrôler sur place la véracité.

Cette (re) découverte dans le comté d'Argyll de tombes templières porteuses de signes maçonniques qu'il faudrait rapprocher, par exemple, des sépultures de Templiers retrouvées au cours des fouilles dans le château d'Athlit, en Terre Sainte, où l'on mit au jour il y a quelques décennies une centaine de tombes datant des XIIe et XIIIe siècles où étaient gravés sur certaines des équerres, fils à plomb ou maillets ainsi que des têtes de mort et… une ancre de marine, nous paraît éminemment instructif. Elle apporte les indices matériels qui manquaient jusqu'alors pour corroborer la thèse d'une symbiose étroite entre Templiers et maçons opératifs.

Mais le plus intéressant est que ces tombes sont postérieures à la disparition de l'Ordre du Temple, effective en France en 1307 et officialisée par Rome en 1312. Elle permet donc de fortifier l'opinion de plusieurs historiens selon lesquels les mystérieux chevaliers qui aidèrent le roi Bruce d'Écosse dans la bataille livrée aux Anglais en 1314 à Bannockburn le jour même de la Saint-Jean (mais oui!) n'étaient autres que des Templiers réfugiés en terre écossaise. On sait en effet que la brutale intervention d'une réserve d'hommes à cheval qui manifestement inspirèrent la terreur aux fantassins anglais, décida ce jour-là de la victoire...

Quoi qu'il en soit, la présence de ces tombes curieusement «oubliées » atteste deux choses. Tout d'abord qu'il y eut, après la date fatidique de 1307, des Templiers qui vécurent et moururent dans les monts d'Écosse. D'autre part, que des initiés maçons avaient vécu là eux aussi et que peut-être, parfois, les uns et les autres ne faisaient qu'un.

Pour le Lieutenant-colonel Gayre of Gayre and Niggs, Secrétaire Général des Ordres de Chevalerie, la question de la survivance (il parle même de « succession ») du Temple dans le Rite écossais ne faisait aucun doute. Dans son livre *Le Crépuscule de la Chevalerie,* il l'évoque très clairement, ajoutant qu'on ne peut nier le fait que la F.M. « *ait une grosse dette envers l'Écosse* ».

Ce livre récent sur la Chevalerie qui met beaucoup de choses au point apporterait ainsi les éléments qui manquaient à Albert Lantoine lorsqu'il affirmait que la création des Hauts Grades écossais ne pouvait s'expliquer que par des *réminiscences chevaleresques,* soulignant les similitudes entre les titres et les noms des décorations écossaises et rappelant que les Écossais (stuardistes) étaient « *à la fois maçons et chevaliers* ».

Armement d'un chevalier

La filiation chevaleresque apporte donc quelques lumières sur l'obscurité des origines du Rite Écossais Ancien et Accepté. À travers la Chevalerie d'Occident et plusieurs de ses ordres historiques traditionnels, la Chevalerie d'Orient et la mystique soufi qui en découla et, pourquoi pas, à travers la «Chevalerie céleste » hautement symbolisée par le combat sans cesse recommencé de Saint-Michel et du Dragon.

Peut-être faudrait-il ajouter d'autres Ordres plus spécifiquement et exclusivement religieux, tel celui des Bénédictins, protecteurs eux aussi des maçons opératifs, ou celui des Carmes qui ne craignaient pas de se réclamer à la fois de Noé, des prophètes du judaïsme et de Pythagore!...

Cet « œcuménisme chevaleresque » expliquerait également l'évolution du R.E.A.A. vers un universalisme de plus en plus affirmé. Incontestablement, tout comme la Maçonnerie opérative en ses sources, le R.E.A.A. fut sans doute à l'origine profondément et sincèrement catholique. On peut penser que l'influence des survivances templières, d'une part, celle des courants hermétiste et rosicrucien, de l'autre, ajoutées à un ésotérisme chrétien de plus en plus approfondi, creusé par ceux-là mêmes qui s'en réclamaient, ont fait que le R.E.A.A. put s'épanouir dans des pays protestants d'abord, puis gagner même des pays étrangers primitivement par leur culture nationale au christianisme.

Alors que l'« Ancienne Maçonnerie » disparaît au déclin de sa sève, le R.E.A.A. n'accepte pas totalement la nouvelle, codifiée par Désaguliers et Anderson. Il veut remonter plus haut, poser ses jalons dans le passé, fier de son originalité, de sa «spécificité », se réclamant à la fois de la Chevalerie d'Orient et de la Chevalerie d'Occident, unissant ainsi les deux pôles de la montagne sacrée, les deux Saint-Jean, pour prétendre retrouver le Centre du monde.

Sur les traces de l'Écossisme dans les Loges de France - 1738-1799

par Jean-Yves Goéau-Brissonnière

Les progrès de la recherche historique permettent de mieux cerner les premiers pas de la démarche maçonnique effectués en Loge. Par-delà les mythes et légendes porteurs de message symbolique, la réalité des travaux se déduit de documents fiables. Cet afflux de matériaux conduit pour partie à des remises en cause et à des perspectives nouvelles. Mais le chantier reste ouvert. Il ne sera sans doute jamais fermé.

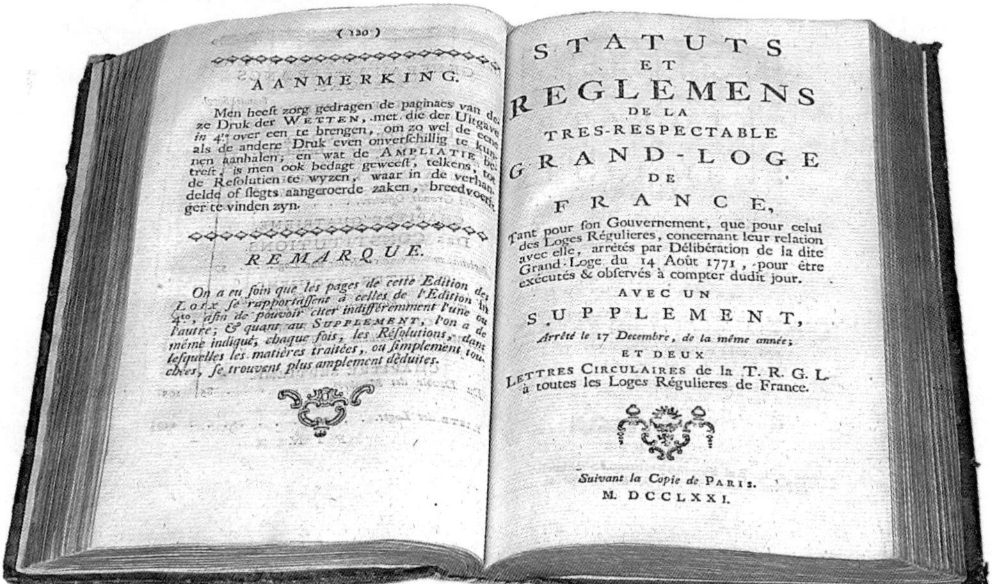

Statuts et règlements de la Grand-Loge de France adoptés le 14 août 1771. M.A.B. de la GLDF

Préliminaires

Pour défendre le titre de cette contribution, on peut avancer sur l'Écossisme les points majeurs d'un débat inépuisable. Il suffit de retenir les apports convergents des spécialistes.

Première idée – il est nécessaire de mentionner l'influence exercée par le courant ésotérique transmis des Loges écossaises aux Loges anglaises, sur place et sur le continent bien avant les années 1717 – 1738.

Les ouvrages de Robert Stevenson en portent témoignage. Et ce n'est pas le fait du hasard si les Francs-maçons de Londres confièrent à l'écossais Anderson le soin de refonder le temple des *Anciens Devoirs* sur des bases rénovées. L'empreinte du Chevalier Ramsay complète le décor avec son rôle éminent dans le Royaume de France. Ses discours troublent fort le Cardinal Fleury. Passé d'une religion à l'autre, devenu catholique romain, l'ancien secrétaire de Fénelon disparaît en 1743 (trois ans avant le désastre de Culloden mettant un terme aux prétentions jacobites). Les Hanovre en ont fini avec la rivalité écossaise remontant à 1688.

Deuxième idée: le choix de 1738 comme date de référence de la recherche s'impose même si certains retiennent 1728 pour asseoir une Grande Loge vieille de 275 ans (en 2003). Il y avait certes à l'époque nombres de Loges à Paris et en province, avec des Frères anglais, irlandais, écossais et français. À ceci près que tous relevaient de la « Grande Loge de Londres » à commencer par les premiers Grands Maîtres parisiens. C'est la raison pour laquelle le point de repère de 1738 convient à nos objectifs.

Cette année-là, le Duc d'Antin, prince du sang (coauteur ou non du discours de Ramsay), devient Grand Maître de la « Grande Loge française ». Sa disparition dès 1741, avant celle de son Grand Orateur (toujours Ramsay!), ne change pas la volonté d'indépendance vis-à-vis de l'Angleterre. Ajoutons que, malgré l'apparence, nos amis du « Grand Orient de France », doivent partager notre choix! En 1938, ils célèbrent (comme la Grande Loge de France) « le deuxième centenaire de la Constitution de l'Ordre Maçonnique en France ».

Troisième idée: dans l'approche des indices d'un esprit écossais au XVIIIe siècle, comment négliger le rôle joué dans le Royaume par des générations de réfugiés anglais, irlandais, écossais mêlés aux déchirements intérieurs, politiques et religieux sous les Stuart, et sous leurs successeurs orangistes et hanovriens? Le regroupement des uns et des autres s'opère dans les Loges civiles ou militaires du Sud-ouest et à Saint-Germain en Laye. Deux vagues au moins avec les rescapés de la Révolution cromwellienne de 1649, et les « résistants » à la révolution de 1688, occupent le terrain maçonnique. Ces Frères, en fait, véhiculent les croyances et conceptions acquises ailleurs par voie de transmissions plusieurs fois séculaires. Dans cette alchimie particulière, les ports éclairent le chemin initiatique: des commerçants, des navigateurs y croisent et rencontrent bourgeois, nobles, officiers et ecclésiastiques tous attachés à une compréhension philosophique.

Quatrième idée : ces perspectives ne doivent pas déboucher sur la conclusion hâtive selon laquelle deux types opposés de Maçonnerie seraient apparus avant 1738. La première avec des Loges bleues, catholiques, civiles, dites « écossaises ». La seconde, venue d'outre manche avec des Loges dites « anglaises » et de tendance hanovrienne, protestante ou déiste. Cette thèse, répandue par Paul Naudon, a été ardemment combattue par Étienne Gout. Les investigations menées à bien par ce Frère éminent établissent que la composition des Loges dont les tableaux nous sont parvenus, atteste le « mixage » des Maçons venus d'horizons insulaires différents. D'où, d'après Gout, la déduction conséquente que, sur notre sol comme sur le sol d'Angleterre, on se rassemblait au nom du principe fondateur contenu dans les Constitutions d'Anderson : la tolérance, centre de l'union dès les trois degrés symboliques.

Ces justifications exposées, essayons, à partir des connaissances et documents disponibles, de recueillir ces traces de spiritualité écossaise relevées au passage. Il suffit pour y parvenir d'évoquer l'existence de la Grande Loge de France de 1738 à 1799 (sous des appellations variées). Dans sa première forme, elle correspond aux Grandes Maîtrises du Duc d'Antin (1 741) et du Comte de Clermont avec une constante éprouvée (1 771) et survit à la constitution du Grand Orient de France en 1773. Ce maintien traduit la ténacité dans l'épreuve de Frères dévoués à la tradition écossaise. Un grand nombre d'entre eux, non séduits par l'union proclamée en 1799, ne désarment pas. Ils attendront que le Suprême Conseil de France accrédite pour de bon le Rite Écossais Ancien et Accepté dont ils pressentent en quelque sorte l'avenir.

La Grande Loge de France (1738 - 1799)

Avant l'année 1738, les Grands Maîtres de l'Ordre regroupant les Loges parisiennes, à savoir Wharton, Macleane et Derwenwater, relèvent de la Grande Loge de Londres, seule habilitée à délivrer patentes. Il en est de même pour les Loges de province constituées en des Orients portuaires. Ainsi la « Loge anglaise 204 » à l'Orient de Bordeaux dont les états et travaux sont parvenus jusqu'à nous. Cette dépendance, qui prédomine jusqu'en 1754, cessera à la suite d'événements remontant à 1737 et 1738.

Le plus important est le discours du Chevalier André-Michel de Ramsay.

Il imprime la marque écossaise à l'Obédience qui échappe bientôt à toute tutelle. Les écrits d'Albert Lantoine restent valables à cet égard. Ils mettent en relief le rôle joué dès 1735 par le Duc de Richmond et le pasteur Jean-Théophile Désaguliers. Leur visite, au château d'Aubigny, à la Loge de Bussy, prélude à la « libération » des ateliers bleus de Paris et « territoire ». Le flambeau est passé par Charles Radcliffe, Comte de Derwenwater. Il regagne son pays pour combattre la dynastie hanovrienne. Il y trouve la mort, mais ouvre la vie à la culture d'un Art Royal à consonance écossaise. Encore les Stuart…

Il est curieux de constater que l'éclosion de cette « Grande Loge de France » le 24 juin 1738 (pour la Saint-Jean) coïncide avec la naissance de la « Grande Loge d'Angleterre ». Mieux, la deuxième édition des Constitutions d'Anderson, publiées à cette époque, s'apparente, selon Étienne Gout, à un brevet de régularité au profit de la toute jeune « Grande Loge » car, citons l'entier passage d'Anderson : « *Les Loges d'Écosse, d'Irlande, de France et d'Italie préférant l'indépendance*, (avaient désormais) *leurs propres Grands Maîtres* ». Et plus loin : « *Elles n'en ont pas moins en substance les mêmes statuts, devoirs, règlements, etc. que les Frères d'Angleterre, et font preuve d'un zèle égal au leur pour le style classique comme pour les secrets de l'ancienne et honorable fraternité* ».

D'Antin d'abord

C'est dans ce contexte que Louis, Duc d'Antin, devient « Grand Maître général et perpétuel des maçons dans le Royaume de France ». Cette désignation d'un prince du sang, proche du Chevalier de Ramsay, tombe à pic. Sa qualité sociale le met en position de faire face aux injures frappant la Franc-maçonnerie à Paris à partir de septembre 1737. À Paris et à Rome, où la bulle *in eminenti* est fulminée par Clément XII le 28 avril 1738. Le Prince va exercer son autorité bienveillante pendant cinq ans jusqu'à sa mort le 9 décembre 1743.

En tout cas, il est à retenir (ce qui a été longtemps méconnu) qu'en 1738 et au-delà, il n'existe en France comme partout ailleurs qu'une seule et même Maçonnerie symbolique, autonome quoique régie par des constitutions anglaises. Quant à l'administration de la première « Grande Loge de France », créée en commun par des loges anglicanes, gallicanes et écossaises, elle prend son essor sous la Grande Maîtrise suivante – après quoi viennent des temps obscurs au terme desquels la tradition sauvegardée s'épanouit sous la forme d'unité.

Contrairement à une affirmation répandue, la brève Grande Maîtrise de Louis de Pardaillan, duc d'Antin, n'a pas été sans relief. Choisi par l'assemblée générale regroupant trente-deux Vénérables de Loges de territoire français, ce grand seigneur a participé de près aux efforts de « son présentateur » Derwenwater (ancien Grand Maître de la Grande Loge de Londres), des Frères Anderson, Desaguliers et Ramsay. Tous non hanovriens, ces hommes de bonne foi tiennent aux racines des constructeurs et des chevaliers du passé. Dans son fameux discours (lu ou non par le Grand Maître dans son prononcé final), Ramsay n'hésite pas à évoquer ces origines écossaises utilisées par les Loges symboliques avant d'enrichir les hauts grades en herbe. S'en déduit une parfaite connivence entre le Pair de France et son Grand Orateur, du début à la fin (l'Orient Éternel pour l'un et l'autre, en 1743 !).

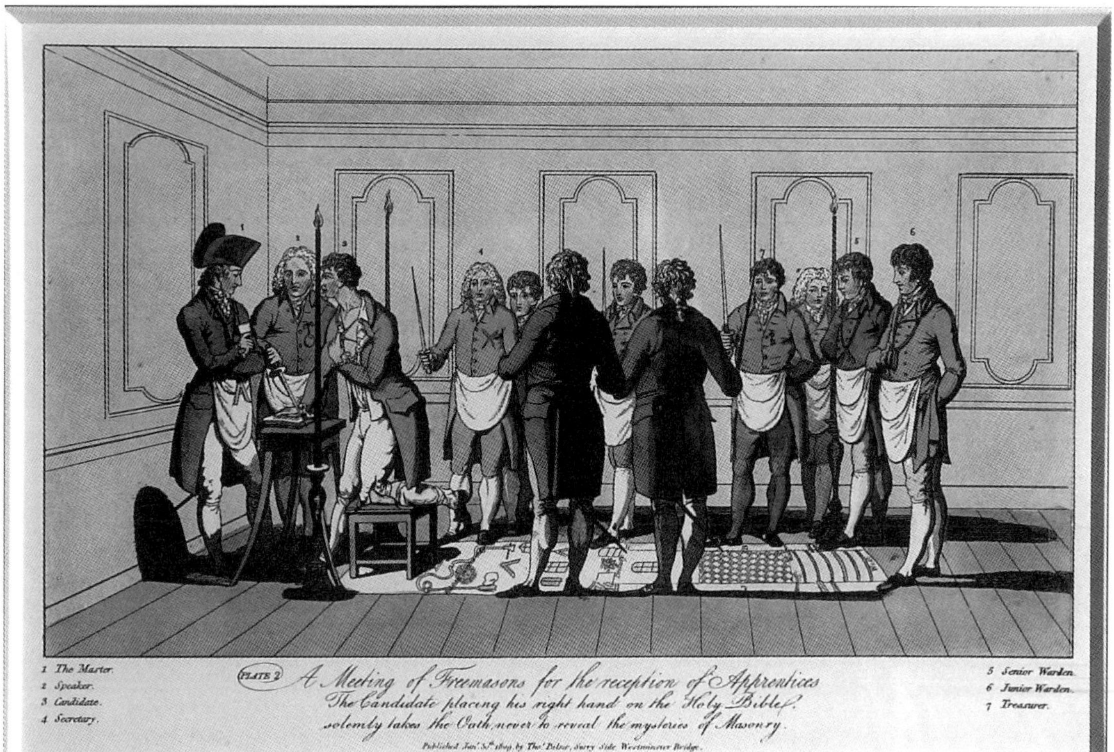

Une initiation au XVIIIe siècle - M.A.B. de la GLDF

Ce qui ressort des études dues notamment à Pierre Chevallier, c'est que la solidarité des deux personnages a réduit à peu de chose les persécutions entreprises en 1737, puis en 1740, contre quelques Francs-maçons, parisiens pour la plupart.

La police intervient pour satisfaire les demandes de Robert Walpole, premier Ministre anglais hanovrien, faites à son ami le Cardinal Fleury (et non par le Pape, sans pouvoir dans le Royaume). Intouchable, le Duc n'a guère à intervenir pour ses Frères promptement relâchés. D'autant que le Chevalier de Ramsay sait se concilier les grâces du Prélat informé fin 1737 de son discours à peine élaboré (et qu'il se chuchote la rumeur d'une possible affiliation de Louis XV à une Loge du Roy!). Ce climat favorable incline à la tolérance.

Certes, il conviendrait d'établir que le Président de l'Ordre a réellement dirigé la jeune Obédience. A-t-il existé, sous sa conduite effective, une structure fédérant les ateliers? Faute de documents comparables à ceux découverts pour d'autres périodes, écoutons l'avis de Pierre Chevallier qui a dépouillé les archives: « *On discerne que pendant cette période, existent de Grands Officiers, tels que Secrétaire, Chancelier, Orateur, Trésorier et Surveillants; que la Grande Loge tient des assemblées et qu'elle est composée des Vénérables des Loges parisiennes qui, on le rappelle, sont inamovibles, alors que jusqu'à l'élection du Duc d'Antin, la fonction de Grand Maître était annuelle et soumise à réélection* ». Pour le reste, on peut imaginer que ce début de centralisation correspond à la volonté des loges de toutes origines, de Paris ou de province, de garder leur autonomie sans pour autant contester la valeur des décisions prises dans la capitale. Certaines défendent les couleurs écossaises, comme celle de Bussy Aumont familière aux chefs de l'Ordre. De plus, les tracas dus aux revirements politiques du pouvoir, de « mèche » à l'époque avec le pouvoir en place à Londres, expliquent la prudence et le repliement des responsables de la jeune Grande Loge de France astreinte à résidence!

Malgré ces handicaps, les ateliers prospèrent en nombre et dans l'espace, même si, de 1738 à 1743, on ne trouve que Lyon et Caen (1738), Bordeaux (1740), Marseille et Toulouse (1742), Dunkerque (1743). Il est vrai que des Loges sont déjà implantées dans ces villes et dans d'autres. Mais l'ensemble des ateliers, Paris et province, atteint la centaine (loges militaires incluses). Ces loges ardentes à la pratique de l'Art Royal respectent les règles andersoniennes complétées par la mythologie de Ramsay.

Font défaut, hélas, les comptes rendus des travaux et les premiers livres d'architecture des assemblées. Il faut se satisfaire des tableaux retrouvés. Et de quelques certificats de constitution purement administratifs.

Les filles de Clermont

C'est une phase beaucoup plus riche qui débute en 1743 avec l'élection à la Grande Maîtrise, le 11 décembre, de Louis de Bourbon, Comte de Clermont, prince abbé et de surcroît militaire de renom. Désigné par 16 suffrages sur 22 Vénérables convoqués (après approbation de la province), il reste à la tête de l'Obédience pendant vingt-huit années (1771).

Cette longévité ne correspond pas à une assiduité efficace. Les guerres européennes, qui interfèrent, mobilisent le général contre la coalition autrichienne (1740-1748), puis anglaise (1756-1763). Ce dernier conflit, la guerre des Sept Ans, tourne mal pour le chef de l'Ordre battu à Crasfeld (1758), mésaventure qui le rend plus disponible pour la Franc-maçonnerie.

Malgré ses détracteurs, il semble acquis que le prince ait été un Frère sincère, cultivé, et (ce qui ressort de lettres adressées à maints dignitaires étrangers), épris des notions se rattachant à l'homme au niveau de l'homme – préoccupation constituant pour lui le « sublime de la Maçonnerie ». Évidemment, alors que la pagaille des premières années sous d'Antin a fait espérer un renouveau de l'Ordre, les secrets du courrier révèlent la sincérité d'un engagement.

Par chance, le développement des loges devient tel (la majeure partie se réclamant de l'Écossisme), que ce phénomène d'ensemble traduit un essai d'organisation. Il est significatif que, dès le 27 décembre 1743, la Grande Loge de France, encore dite « anglaise », insère en tête de ses statuts « le nouveau livre des Constitutions d'Anderson », traduit par le Frère de La Tierce. Cette reconnaissance de l'acte de base se concilie avec celle de la tradition écossaise – chère à Ramsay - et attestée par l'apparition du grade de Maître et de Maître écossais (non séparé des degrés symboliques au départ).

D'où, dans le 20e article des « ordonnances générales », le passage suivant :

« *Ayant appris depuis peu que quelques Frères se présentant sous le titre de Maître écossais et revendiquent dans certaines Loges les droits et privilèges dont il n'existe aucune trace dans les archives et usages de toutes les Loges établies sur la surface du globe, la Grande Loge a décidé que les Maîtres écossais doivent être considérés par les Frères à l'égal des autres apprentis et compagnons dont ils doivent porter le costume sans aucun signe de distinction* ».

S'il est exact que, Grand Maître emblématique des loges françaises, ambassadeur de la Maçonnerie en Europe au point que des ateliers se disent bientôt « filles de Clermont », notre Prince Chevalier contribue tout au long de son parcours à protéger l'Ordre en général, et les Frères français en particulier. Il a soin d'en appeler à des substituts généraux, le banquier Baur et le fameux Lacorne, maître de ballet, avant d'effectuer un choix définitif et judicieux en 1760 avec Chaillon de Jonville.

En ce qui concerne la vie de la Grande Loge et des ateliers en 1744 –1755 (tournant au plan institutionnel), la tendance dominante suscite le déploiement de l'Écossisme. Si la donne politique change avec la défaite du prétendant Stuart (1746), l'esprit écossais insufflant le spirituel et l'intellectuel, aboutit à la floraison de loges dans le Midi. Bordeaux mérite des égards. Laissons de côté *Heredom* (1744), trace tout à fait douteuse. Mais, en 1745, à *La Parfaite Harmonie*, Étienne Morin substitue *Saint-Jean de Jérusalem*. Son action est double : il œuvre dans le cadre des Loges bleues et prépare la suite vers les Loges rouges qui gravitent autour de Mères Loges écossaises à Bordeaux et Marseille. Né à New York en 1696, captif des Anglais pendant la guerre des Sept ans, précurseur du rite, Morin prépare dans l'ombre la conquête initiale du Nouveau Monde par l'Ordre (il aurait fait délivrer, croit-on, des patentes à des Loges de Saint-Domingue par la Mère Loge de Bordeaux en 1749).

À partir de 1750, et jusqu'en 1760, la Grande Loge s'étoffe, le nombre des ateliers recensés s'élève au minimum sur le territoire à 150 (écossaises ou non écossaises). Cette prolifération est accrue par l'éclosion d'Ordres nouveaux en France et à l'étranger : *Stricte Obédience* du Baron de Hund, *Élus Coens* de Martinez de Pasqually. Avec, à Londres, la rupture de Dermott lançant la Grande Loge des Anciens, et à Paris la création, dans l'hôtel des Stuart, du Chapitre de Clermont inspiré par le rite de Perfection. Ces désordres se produisent alors que le Pape Benoît XIV réitère la condamnation de 1738 dans la bulle *Providas Romanorum Pontificum*. Les Jacobites ne sont plus en course, mais l'Église met à nouveau en garde ses adversaires protestants.

1758 : l'indépendance

Curieusement, la guerre qui oppose pendant ces dix ans les royaumes de France et d'Angleterre favorise la libération de nos Loges qui ne vont plus relever que d'elles-mêmes. Et les succès militaires des armées françaises à Fontenoy (1745) et ultérieurement en Bretagne (1757) contribuent à renforcer la position des héritiers dans nos Loges. Ils se sentent libérés de la tutelle de Londres.

C'est d'ailleurs en 1756 que la Grande Loge de France renonce à l'appellation « d'anglaise ». Désormais l'Obédience accorde seule les Constitutions sollicitées par les ateliers de province. Il y a, dans les mandements, la mention révélatrice des caractères écossais, ceci aux trois premiers degrés. Et, en plein conflit entre Paris et Londres, alors que la révolte reprend en Écosse, la Grande Loge de France du Comte de Clermont devient réellement indépendante une fois pour toutes en 1758 (vingt ans après la première Grand Maîtrise française du Duc d'Antin).

C'est ainsi que dans ses nouveaux statuts adoptés le 14 juillet 1775, « la Grande Loge des Maîtres réguliers de Paris dite de France » reconnaît et entérine l'Écossisme pratiqué en Loge bleue et par les Maîtres écossais qui en font partie. On constate que, pour un temps, le principe de tolérance maçonnique des Constitutions anglaises de 1723 et 1738, cède la place à l'orthodoxie catholique. Dieu prédomine, et la Saint-Jean s'accompagne de messes. Mais surtout, les Maîtres écossais auront la surveillance de tous les travaux. Ils ont la liberté de prendre la parole, d'être toujours assis et de rester couverts. Ces privilèges manifestent le besoin de se relier à la tradition défendue par les Maçons du « Royaume du Nord » avant la réforme, celle des secrets de l'Art Royal tombés en désuétude sous Élisabeth. Peu importe, dans ces conditions, que la politique des prétendants écossais ait échoué. Il reste la spiritualité.

Hélas, si les rouages existent, la délégation du pouvoir à des substituts particuliers de valeur inégale soumet l'ensemble à des périls redoutables de 1760 à 1771. Des factions rivales s'opposent semant la confusion entre les Maçonneries bleue et rouge, l'une, en gros, plus conforme à l'Écossisme que l'autre.

Si des forces obscures se déchaînent, surtout à Paris, des événements d'importance montrent que la Grande Loge de France exerce désormais des fonctions précises. Les ateliers de province adressent des comptes rendus d'activité annuelle, parfois de qualité. L'exemple de Meusnier de Précourt, Vénérable de *Saint-Jean des Parfaits Amis* de Metz, avec son rapport du 24 juin 1760, est suivi par d'autres, sans discontinuité. C'est en procédant ainsi que Jean-Baptiste Willermoz et ses amis Maîtres Écossais soumettent à l'Obédience les « *Règlements de la Grande Loge des Maîtres Réguliers* » fondée par eux à Lyon.

Ces textes constituent un acte d'allégeance. Il est payé de retour par l'octroi de lettres patentes du 18 juillet 1761 signé Antoine Chaillon de Jonville, enfin substitut général du Comte de Clermont. Ce mouvement signifie que l'Écossisme symbolique accepte les hauts degrés sans détenir de pouvoirs sur eux. En avance sur un rite rassembleur, les Frères exécutent librement leurs travaux de plus en plus élevés.

À contre-courant de la marche en avant, d'humbles Maîtres parisiens, Peny et Lavoine, mettent à mal leurs loges de *Saint-Martin* et de la *Sainte Trinité*. Cette querelle trouble la sérénité des Francs-maçons. Peny improvise une Grande Loge dissidente (1761), pas du tout de style écossais. L'énergique Chaillon, ami de Lacorne, réagit au mieux – provisoirement – à un instant où le Grand Maître, en délicatesse politique, le laisse plus que jamais diriger les opérations. Ce n'est pas un schisme, car la majorité des ateliers, fidèles à la tradition venue du Nord, appuie l'élan donné par le Substitut général.

À cet égard, la réception aux travaux de la Grande Loge le 25 août 1761, par les Frères Chaillon de Jonville et Lacorne, du Vénérable Maître Étienne Morin, prouve que l'Ordre existe à travers ces conflits de boutique. Il est certain que la fameuse patente du 27 août 1761 doit son contenu à Chaillon, ce qui illustre le rôle joué par Bordeaux et Paris dans l'élaboration d'un rite à vocation universelle.

Avec un dynamisme digne d'éloge, le Vénérable de *Saint-Antoine* multiplie les gestes en faveur d'une fédération des Loges sans distinction dans l'espace, ce qui lui donne la possibilité de compter sur des Orients extérieurs à la capitale. Et, pour imprimer la marque de l'action, il frappe du premier sceau GLDF les statuts et règlements observés par la Grande Loge de France et par toutes les loges particulières répandues dans le Royaume. Rien de neuf dans l'orientation, mais la recherche d'une unité maçonnique française, non anglaise, écossaise plus qu'anglaise, ayant la spiritualité comme principe respectueux du divin. Et le fait de soumettre ces statuts du 17 avril 1763 à la ratification de toutes les loges du Royaume rend patent que seule la Grande Loge représente une Maçonnerie indépendante de toute juridiction étrangère, non sans difficultés électorales le 24 avril 1763. Le partage par moitié des 24 postes de Grands Officiers du Collège met fin pour peu de temps au schisme de 1760, non sans équivoques.

Poussant l'audace plus loin, notre Substitut Général (plus libre politiquement qu'un Prince du sang), obtient officiellement par lettre du 18 juillet 1764, que la Grande Loge d'Angleterre adresse le tableau général de toutes les loges placées sous sa férule. L'obtention de cette facilité administrative aide l'Obédience française à se prémunir contre l'action développée dans le Midi par Martines de Pasqually (pourtant Vénérable d'une de nos loges!). Elle intervient à point nommé pour procéder à bon escient au recensement de tous les ateliers travaillant sur le territoire (à quelque rite que ce soit).

Pendant ce recensement prescrit par une circulaire du 11 avril 1765, des scènes violentes se déroulent le 27 décembre 1765 à l'assemblée des députés réunis à Paris. Le Président, Mercy d'Arcy, fait exclure les perturbateurs qui persistent dans leur hargne contre leur ancienne maison. Ils finissent, conduits par Labady, par inventer une Grande Loge, faubourg Saint-Antoine. Chaillon de Jonville (et dans l'ombre le Grand Maître) tentent de réconcilier les tendances rivales aux trois premiers degrés et au-delà, bleus et rouges. Finalement le Lieutenant de police de Sartine, d'ordre du roi, interdit *sine die* les Tenues maçonniques, à tout le moins parisiennes. Le jour viendra d'un retour au bercail des proscrits.

Sur ces entrefaites, la Grande Loge de France officialise en 1766 le « *Tableau Général de tous les Vénérables Maîtres des Loges* » tant de Paris que de province. Ce document exceptionnel provient des archives récupérées par les obédiences en Russie:

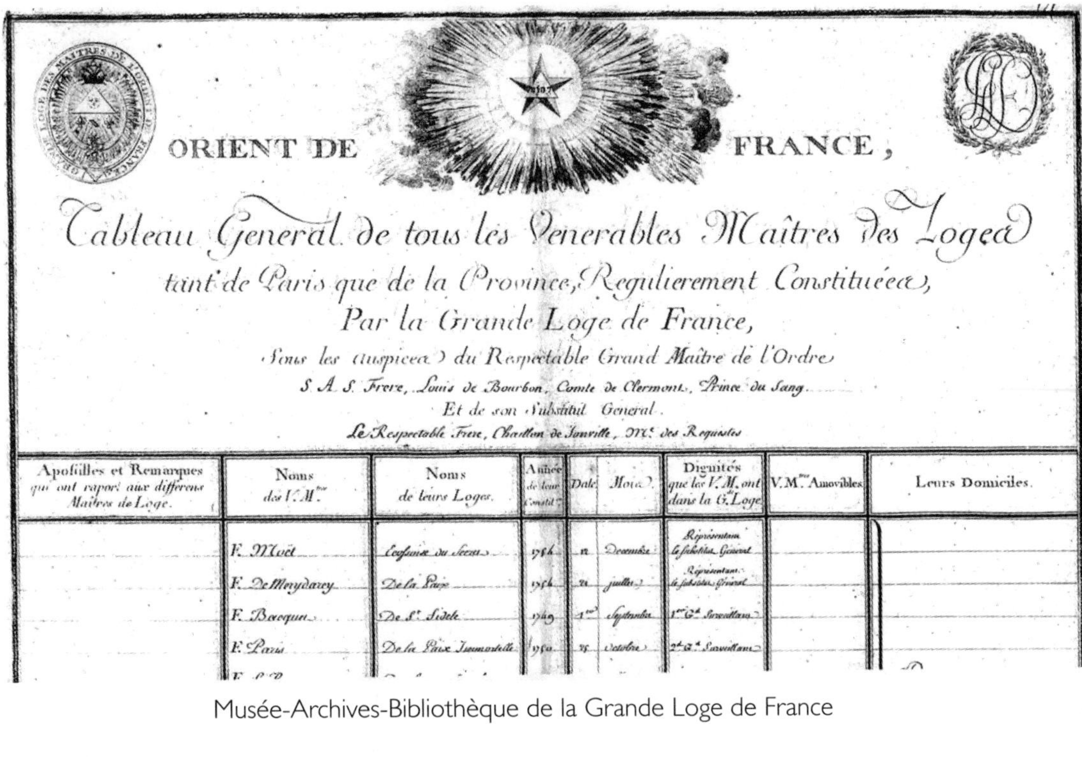

ORIENT DE FRANCE,

Tableau General de tous les Venerables Maîtres des Loges tant de Paris que de la Province, Regulierement Constituées, Par la Grande Loge de France, Sous les auspices du Respectable Grand Maître de l'Ordre S. A. S. Frere, Louis de Bourbon, Comte de Clermont, Prince du Sang. Et de son Substitut General. Le Respectable Frere, Chaillon de Jonville, Mᵉ des Requestes

Apostilles et Remarques qui ont raport aux differens Maitres de Loge.	Noms des V. Mᵉˢ	Noms de leurs Loges.	Année de leur Constit.	Date	Mois	Dignités que les V. M. ont dans la G. Loge	V. M.ᵉˢ Amovibles	Leurs Domiciles.
	F. Moët	[illegible] du Secret	1756	12	Decembre	Représentant le Substitut General		
	F. De Meydarcy	De la Paix	1756	21	juillet	Représentant le Substitut General		
	F. Bocquet	De Sᵗ Fidele	1749	1ᵉʳ	Septembre	1ᵉʳ Gᵈ Surveillant		
	F. Paris	De la Paix Immortelle	1750	25	octobre	2ᵈ Gᵈ Surveillant		

Musée-Archives-Bibliothèque de la Grande Loge de France

Il nous restitue les noms de 272 Loges recensées, soit 108 à Paris et 164 sur tout le territoire, avec l'identité des Vénérables Maîtres, l'indication des titres distinctifs et l'année de chaque constitution. Ce travail, soumis au Comte de Clermont par le Substitut général qui en assure la responsabilité, sans nous livrer le nombre des ateliers les plus traditionnels, n'en donne pas moins la mesure des convictions écossaises de la majorité d'entre eux.

La place existe pour les chercheurs à venir désireux de faire parler cet état de tant de loges dont certaines se trouvent mentionnées en marge comme « dormantes ».

Malgré ces désagréments qui aboutissent à la mise en sommeil exigée par les pouvoirs publics, hommage est à rendre à Antoine Chaillon de Jonville, conciliateur né et Grand Maître *in partibus*. Étienne Gout, dans *La Genèse de l'Écossisme*, lui délivre la citation ci-contre : « *La Grande Loge connaît alors une période brillante qui affermit son autorité dans les provinces et qui devait lui permettre, la paix revenue, de conclure en 1766 un traité d'amitié et de non-ingérence avec la Grande Loge d'Angleterre, dite alors des Modernes* ».

Dans la réalité, les efforts déployés par Chaillon et Brest de la Chaussée pour maintenir l'Obédience unie se révèlent vains. L'interdiction royale complique la tâche des médiateurs. Ce qui ne les empêche pas d'adresser aux Ateliers, le 8 octobre 1769, une circulaire dénonçant les exclus qui se veulent investis des pouvoirs de la Grande loge de France. Les convocations que Chaillon et Brest adressent le 28 mai 1770 atteignent peu de députés parisiens et nul provincial n'est touché. Livrés à eux-mêmes, et Sartine refusant la reprise des travaux, les Francs-maçons attendent qu'un événement extérieur les tire de ce mauvais pas.

La mort soudaine du Comte de Clermont le 16 juin 1771 survient à propos pour les Frères de rites et de chapelles distincts. Dès lors les jours de la Grande Loge de France sont comptés. Ceux du Grand Orient de France se profilent à l'horizon le plus immédiat. Deux ans de manœuvres aboutissent à la scission de l'Obédience protégée par le pouvoir. Coup d'état, a-t-on écrit… ce triomphe de la force ne courbe pas les Maçons fidèles à l'Écossisme. Ils sauvent ce qui reste de leurs loges. La Grande Loge va faire face à la concurrence sortie de ses rangs. C'est de son existence pendant plus d'un quart de siècle dont nous allons nous occuper. Aidés par des documents récents qui complètent les études des auteurs maçonniques.

La Grande Loge de France (1771 - 1799)

Les péripéties entourant cette coupure en deux de la Franc-maçonnerie dans le Royaume n'ont guère d'intérêt. Retenons la résistance active de 73 Loges de Paris à toute mainmise du Grand Orient sur la seule obédience reconnue dans le Royaume et à l'extérieur. Ce combat se poursuit pendant des années et ne prendra fin qu'avec le siècle. Il contient en germe les oppositions ultérieures entre les deux pôles majeurs de l'idéal maçonnique.

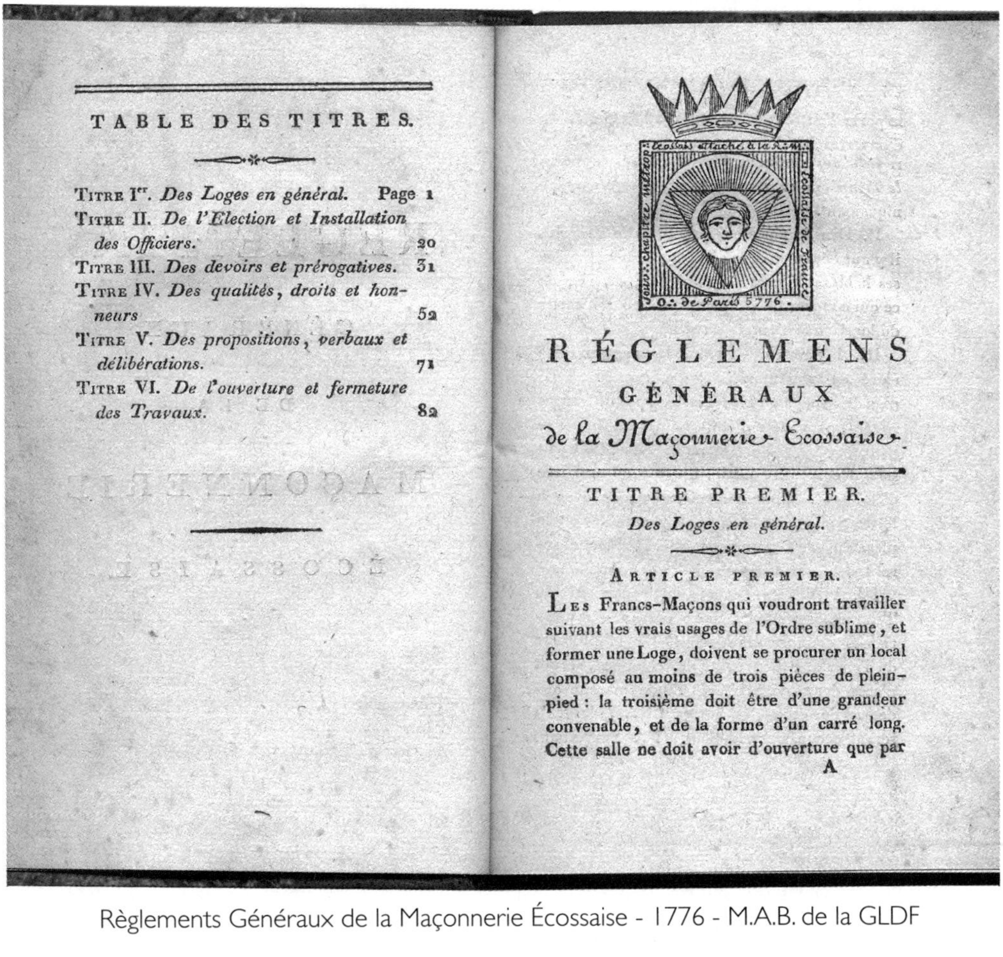

TABLE DES TITRES.

RÉGLEMENS
GÉNÉRAUX
de la Maçonnerie Ecossaise.

TITRE PREMIER.
Des Loges en général.

ARTICLE PREMIER.

Les Francs-Maçons qui voudront travailler suivant les vrais usages de l'Ordre sublime, et former une Loge, doivent se procurer un local composé au moins de trois pièces de plein-pied : la troisième doit être d'une grandeur convenable, et de la forme d'un carré long. Cette salle ne doit avoir d'ouverture que par

A

Règlements Généraux de la Maçonnerie Écossaise - 1776 - M.A.B. de la GLDF

Les mésaventures des Frères Labady, Duret et Bourgeois, défenseurs des sceaux et des archives de la Grande Loge de France en 1773, au prix d'une incarcération de brève durée, constituent la preuve d'une mésentente pas seulement fondée sur des privilèges de nature sociale.

La synthèse des critiques formulées est due à la plume du Grand Orateur Gouillard, dignitaire de l'ancienne Grande Loge, devenue Orient de Clermont. Il écrit au Grand Orient naissant, en 1774 : « *Si nous ne sommes pas réguliers, nous qui vous avons constitués, de qui tenez-vous vos pouvoirs, et de quel droit prétendez-vous donner la vie à ceux de qui vous l'avez reçue ?* » Si ces diatribes, consignées dans des *Lettres critiques*, paraissent peu ou prou surannées, leur variété manifeste la vitalité des Maçons victimes d'une scission peu démocratique.

Quoi qu'il en soit, la crise de 1771-1773 n'empêche pas la Grande Loge de se proclamer, le 27 décembre 1774, « seul et unique Grand Orient de France » et, plus tard « seul Grand Orient primitif de France », ce qui rend irréversible le duel entre les deux Obédiences qui s'accusent mutuellement d'irrégularités, au grand dam des Maîtres espérant l'Unité.

Quand, le 15 janvier 1777, le Grand Orient de France déclare irrégulières les Loges ayant refusé de renouveler leurs constitutions, la Grande Loge de France regroupe 129 ateliers à Paris et 247 en province. Elle révise le 27 décembre ses règlements et nomme trente Grands Officiers dont Duret et Lexcombart, figures emblématiques du combat mené. Pour marquer sa différence, elle adresse à toutes les loges, le 27 octobre 1778, la liste des accusations visant l'obédience rivale proche du pouvoir royal. Mieux, soustraite à l'autorité de son Grand Maître nominal, le Duc de Chartres, elle introduit en 1782 la coutume de placer au milieu du temple, près du compas et de l'équerre, une Bible ouverte au chapitre de Saint-Jean.

Une opposition radicale, cette année-là, se fait jour au sein de la brève « Grande Loge Nationale ». Pierre Chevallier a pu qualifier ces assises houleuses avec le Grand Orient, qui émerge, de « Constituante maçonnique » pour la comparer avec ce que seront les États Généraux de 1788. Dans les deux cas, il s'agit de faire disparaître barrières et privilèges au cours d'une sorte de « nuit du 4 août » par anticipation.

À ce propos, une pièce acquise de fraîche date montre sur quoi porte le conflit « sociologique ». Établie en avril et en septembre 1772, envoyée par les commissaires de la Souveraine et Très Respectable Grande Loge de France « *à toutes les Respectables Loges régulières où règnent le silence, la paix et l'harmonie* », elle met en garde les Vénérables contre les prétentions nouvelles nées de la scission de 1765-1766 qui a conduit à la suspension des travaux. Elle dénonce « *le germe qui divise* (ses) *enfants et qui agite quelques-uns des Orients de France et* (a) *presque toujours pour principe les prérogatives* des « gradués ». Cette pièce, comme celles à venir, rend lisible la coexistence au sein des Loges de l'Écossisme aux trois premiers degrés et de celui « ritualisé » dans les degrés « sublimes » issus des éphémères Conseils des Empereurs et des Chevaliers.

Des dignitaires se retrouvent parmi les Maîtres des deux institutions distinctes. Pour s'en tenir à la Grande Loge (renaissante ou maintenue) les noms de Gaillard, Labady, Lalande etc., sont cités avec leur double qualité de « bleus » et de « rouges ». Et cette promiscuité explique le développement parallèle de l'Écossisme à la veille de la Révolution, la Grande Loge de Clermont et le Grand Orient de France ne voulant pas régenter (en tant que guidés par le symbolisme de fondement écossais) les Hauts Grades pratiqués de part et d'autre.

Ce *statu quo* se combine avec une évolution contrastée. Nos amis du Grand Orient tendant à recommander l'action dans le monde profane, ce qui se traduit en France dans le choix de titres distinctifs évocateurs comme *Le Contrat social*, *Démocratie*, *Égalité*, *Fraternité*, *Liberté*, tous reflétant une déviation par rapport au message initiatique traditionnel. Ce point est à signaler car, de leurs côtés, ateliers civils et loges militaires créés à la fin du règne de Louis XVI gardent la référence à l'Écosse mystique et historique. La divergence des orientations s'apprécie à la lecture d'un extrait du « Grand Livre d'Architecture » arrêté en assemblée du Conseil (de la Grande Loge de France), le 13 octobre 1779 : il ordonne – ce qui vise des candidats reçus ailleurs – aux Vénérables Maîtres « *d'interdire l'accès des temples à des maçons clandestinement reçus par des hommes sans titre et absolument ignorés* ».

J'exhorte les férus d'histoire à prendre connaissance à la bibliothèque des achats récents effectués par le Musée-Archives-Bibliothèque. Ainsi, le *Corps complet de Maçonnerie adopté par la Respectable Grande Loge de France*. Daté de 1770, il contient le rituel officiel des trois premiers grades. Sans qu'on puisse, en l'état, le rattacher à un rite déterminé. Il se réfère à l'observance du secret par le récipiendaire « *consentant à être déshonoré* » si par sa faute ou par sa négligence, le dit exemplaire tombe jamais en d'autres mains qu'en celles d'un Frère. Ces ordres valent, cela va de soi, pour toutes les Obédiences. Le règne de Dieu existant partout, le temps n'est pas venu de rechercher si un Grand Horloger se dessine à l'horizon. Et l'Art Royal appartient à tout le monde.

C'est à partir de 1780 que les sources sur la Très Respectable Grande Loge de France deviennent plus intéressantes et moins parcellaires.

L'étude des statuts et règlements généraux et particuliers de « l'Ancien et Unique Grand Orient de France » tel que se dénomme la Grande Loge (dite auparavant de Clermont) révèle une évolution conforme à la tradition écossaise. Ce document, imprimé en 1778 et réimprimé en 1787, retrace les travaux, année après année, des assemblées réunies à l'occasion de la Saint-Jean. Précédé d'une vigoureuse introduction orientée contre les Francs-maçons irréguliers et félons, l'appel lancé aux loges l'est, pour la première fois, « à la Gloire du Grand Architecte de l'Univers ». Il rappelle les troubles remontant à 1765, et ceux consécutifs à la création du Grand Orient de France avec un schisme profitant à ce dernier ayant l'appui du bras séculier. Il situe la Très Respectable Grande Loge de France, fidèle dépositaire des antiques maximes de l'Art Royal et demeurée invariable dans les principes qui firent le bonheur de nos ancêtres, et qui font encore le nôtre. Il informe ensuite les Vénérables Maîtres et tous les destinataires de la mise en ordre des structures très détaillées, avec les assemblées nationales, de quartier, provinciales et locales. Il insiste sur les rites, le cérémonial en particulier pour les deux fêtes solsticiales. Rien n'échappe à la vigilance du Président Lexcombart et de ses Grands Officiers. Les règles de la justice maçonnique sont fixées, et elles prescrivent la vigilance vis-à-vis des clandestins. La partie du texte tout à fait moderne traite du fonctionnement de la Loge et du rôle de chacun des officiers.

Si le contenu des travaux ne nous est pas restitué, les discours de plusieurs Grands Officiers témoignent d'une vocation à la vie spirituelle. Étant ajouté que, sous couvert de l'Obédience symbolique, référence est faite aux Mères Loges écossaises et aux Souverains Conseils, avec un système de double appartenance transparent. Les signatures des procès-verbaux font foi de cette pratique que le Grand Orient de France utilise à des fins d'hégémonie. À ceci près que notre Grande Loge écarte les illuminés et mystiques, ce qui ne correspond pas au réalisme de sa fille ingrate, le Grand Orient, tant s'en faut.

En définitive, ce qui rend vivante l'histoire documentaire découle des listes des Vénérables accompagnant les deux éditions de ces « statuts et règlements ». De la première, il ressort qu'en 1784 pour Paris et la province, 214 Loges sont désignées, et 237 ensuite comme *égarées* (ce qui peut s'expliquer par l'incertitude des temps). Quant à la seconde, elle cite, le 8 janvier 1787, les noms des trente Grands Officiers de Paris dont les figures de proue sont Picard, Mauclaire, Lexcombart, Conard, Godard, Fordrain. Ils vont tenir le haut du pavé jusqu'en 1799. Suit un tableau des Vénérables de Paris, contrairement au tableau précédent valable pour tout le territoire – soit 97 Vénérables – et, pour la province figurent 44 Présidents de Loges installés régulièrement et, la plupart, depuis 1781. Pour être complets, 48 autres Frères sont « absents » des Tenues du Grand Orient de France, c'est-à-dire de La Grande Loge. Sans compter les décédés énumérés comme passés à l'Orient Éternel (celui qui efface les différences).

STATUTS

ET RÉGLEMENS

GÉNÉRAUX ET PARTICULIERS

DE LA T. R. GRAND-LOGE,

ANCIEN ET UNIQUE GRAND ORIENT DE FRANCE.

Imprimé en 5778, & réimprimé cette année 5787.

A JÉRUSALEM,

Sous le Portique du Temple de Salomon.

L'AN DE LA GRANDE LUMIERE, 5787.

Musée-Archives-Bibliothèque de la grande Loge de France

Si la Révolution française a remis en cause les archives maçonniques, elles n'ont pas cessé pour autant. Mieux, pour la période 1789-1799, les chercheurs disposent depuis peu de sources exhaustives. Il s'agit en particulier du *Grand Livre d'Architecture de la Très Respectable Grande Loge de France* acquis par notre Musée. Il contient les comptes rendus des travaux effectués au cours des assemblées réunies à Paris entre le 9 février 1789 et le 5 juin 1798. Parmi les points d'intérêt, on relève cette année cruciale une référence à « L'être suprême », et une autre au « Grand Architecte de l'Univers » qui lui succède au gré des événements à peine relatés. Seules sont visées les conséquences de la fameuse loi Le Chapelier rompant avec un passé opératif institutionnalisé. Il est remarquable que soit prescrite une obéissance stricte à « *la loi irréfragable qui fête la Saint-Jean Baptiste comme fête de l'Ordre* ».

Bien que ces procès-verbaux se rapportent surtout aux difficultés financières et au contentieux maçonniques pendant ces dix ans, le respect de la tradition se déduit de la résistance assumée contre les rebelles et les tentatives de subversion poursuivies par le Grand Orient de France. Aux commandes de la Grande Loge de France qui persiste à se vouloir « *seul grand et unique Grand Orient de France* », on retrouve les dignitaires d'avant 1773 ou leurs fils. Gardons mémoire de Picard, Lexcombart, Conard, Godard fidèles au courant écossais. Cette résistance de la Grande Loge de Clermont va de pair avec celle des « Mères Loges du Rite Écossais », de la « Loge Anglaise » de Bordeaux et d'un groupe « Heredom de Kilwinning » à Rouen. Pas questions pour ces ateliers d'initier des groupuscules écossais entrés au Grand Orient.

Pour 1790, les allusions au drame qui balaye l'ancien régime sont claires et indiquent le choix effectué : « *Quel spectacle plus intéressant que celui d'aujourd'hui. La Révolution générale, qu'on réprouve dans le Royaume français, terrasse enfin l'hydre du despotisme ; la Maçonnerie triomphante, l'égalité fraternelle et base fondamentale de la liberté, va donc reprendre tous ses droits* ». Et la suite est à l'unisson avec la dénonciation du Duc du Luxembourg et de sa secte, ceci alors que le « Grand Architecte de l'Univers » préside à « *notre glorieuse régénération* ». Observons que l'élan de rigueur ne se traduit pas par des gestes métalliques. Seuls 22 ateliers du Grand Orient versent un « don patriotique », et on ignore ce qui fut fait par les Frères de la Grande Loge…

Alors qu'on trouve trace, pour 1789 et 1790, de créations de Loges à Paris et en province, les planches de 1791, datées de « l'An de Vraie Lumière », au caractère purement administratif, n'ont guère de relief.

Celle du 3 octobre sonne le glas des Tenues et organise la mise à l'abri des objets et archives confiés au Vénérable Maître Lebidois, Garde des Sceaux, qui les tiendra en dépôt jusqu'à… Sans échéance et pour cause, car la guerre aux frontières et la « patrie en danger » suspendent la vie active de la Maçonnerie. Cet effacement dure jusqu'au 24 juin 1795. À la date de reprise, le vide des années perdues trouve une explication laconique : « *La Très Respectable Grande Loge de France, rapport à la terreur, a cessé ses travaux les années mille sept cent quatre vint douze, quatre vingt treize, quatre vingt quatorze* ».

Fin de la première Grande loge de France

La lumière étant retrouvée à la Saint-Jean d'Été de 1795, la Grande Loge de France reprend force et vigueur. Et le *Grand Livre d'Architecture* est régulièrement tracé pendant les années qui restent à vivre jusqu'à l'acte d'union du 22 juin 1799 fusionnant les deux Obédiences. Pour l'essentiel, selon Roger Dachez, la Grande Loge de France travailla à refonder ses structures et son administration, célébra dignement les fêtes de l'Ordre, et constitua encore quelques Loges. L'auteur insiste à juste titre sur l'antienne d'un manque de trésorerie. Il relève, en 1798, le souci de rédiger de nouveaux statuts et règlements. Ce noble projet voté le 4 mai 1798 en reste là, car les pourparlers entrepris pour unifier l'Ordre dispersent les efforts, avec pour conséquence, inscrite à la fin du Grand Livre, le constat de décès sous une forme lapidaire : « *Clos le présent Livre d'Architecture, en assemblée du Conseil, le 5e jour de la première semaine l'An de Lumière 5798 et de l'ère républicaine le 16 prairial l'an sixième, et déposé ce jour en mains du Grand Garde des Sceaux, et maître des archives* ».

Cela ne signifie pas que rien ne se passe qui intéresse l'Écossisme. Il perdure en loge et, sous d'autres latitudes, connaît des progrès préludant à l'essor du rite qui anime toujours les ateliers et « Mères Loges écossaises ». On perçoit dans certains procès-verbaux la cohérence d'un idéal maçonnique emprunt de spiritualité. C'est le cas pour celui du 27 décembre 1795 qui exalte les principes fondateurs que retrace le Président Conard, vétéran des anciens combats. Même accent à partir de 1796 avec l'apparition, pour 1797, d'une « Assemblée de Grande Loge » substituée à la « Chambre d'administration ». Mais, du fait de l'évolution en cours, le récit est de routine quoiqu'il établisse le respect des règles en loge préservées de la tourmente révolutionnaire.

Dominant l'ordinaire des travaux (et sans référence aux avancées réussies dans un autre hémisphère), les rapprochements orchestrés par Roettiers de Montaleau soumettent l'institution maçonnique la plus ancienne à une rude épreuve. Ce n'est pas que Roettiers s'en prenne à la tradition. Membre de nombreuses loges dont une pratiquant l'Écossisme, assidu aux « Philalèthes », il tente d'unir au sein du Grand Orient des Maçons de toutes provenances. Il poursuit l'œuvre de Montmorency et annonce celle de Cambacérès, avec un certain tact. Il est remarquable, dans ce contexte, que l'orientation hégémonique du Grand Orient de France, ainsi que la qualifie Roger Dachez, se soit heurtée, sans concessions, aux refus obstinés de la « Mère Loge écossaise de France », sous le titre distinctif de *Saint Alexandre d'Écosse*. Elle persévère et se réunit à Paris sous l'autorité du Vénérable Godefroy de la Tour d'Auvergne. D'autres suivent un exemple qui établit la légitimité de la Maçonnerie écossaise et la fragilité du concordat établi au niveau des trois degrés symboliques.

C'est autour de ces idées forces diffusées à partir des actes créateurs d'Anderson, Desaguliers et Ramsay, que les ateliers de la Grande Loge de France, sous ses appellations successives, ont maintenu vivante la flamme de l'esprit préféré à la matière brute. Ils ont accompli ce travail sans se soustraire aux obligations de la vie civile et pratiqué en toutes circonstances l'entraide. Soucieux de dignité, nos précurseurs n'ont eu cesse de résister aux tentatives de séduction d'un Grand Orient de France, nouveau venu aux dents longues. Certains se sont même enfermés dans l'Écossisme jusqu'au choix décisif de 1894.

Aussi peut-on, quoique « sans filiation institutionnelle apparente », admettre, sur la base des données recueillies, un rapport de parenté fait d'exigences communes, entre ces (ou cette) Grande Loge de France du XVIIIe siècle et notre Grande Loge de France ressurgie en 1894 avec la bénédiction fraternelle du Suprême Conseil de France détenteur du Rite Écossais Ancien et Accepté. C'est du moins ce que nous enseignent les textes et commentaires les plus récents et, en l'état, disponibles.

Histoire de l'Ordre Écossais en France -1804-1904

par Jean-Paul Minsier

L'Ordre Écossais en France résulte du rapprochement, en 1804, du Suprême Conseil de France créé par le comte de Grasse-Tilly et de la Grande Loge Générale Écossaise constituée des Loges écossaises ayant refusé leur soumission au Grand Orient de France. Au cours de son premier siècle d'existence, il sera confronté aux événements politiques, religieux, philosophiques et maçonniques du pays, aux tentatives d'absorption du Grand Orient de France ainsi qu'aux élans réformateurs et émancipateurs de ses Loges symboliques.

Ce survol Historique de l'Ordre Écossais de 1804 à 1904 évoque les péripéthies de sa gestation.

1804 – retour du Rite Écossais Ancien et Accepté en France

Publiée le 4 décembre 1802 sous la plume de Frédérick Dalcho, une circulaire du Suprême Conseil de Charleston (États-Unis d'Amérique) annonçait qu' « *une Assemblée de Souverains Grands Inspecteurs, convoquée en Suprême Conseil du 33e degré, avait pris en considération l'opportunité d'adresser aux Grandes Loges Symboliques, aux Grandes Loges Sublimes et aux Grands Conseils répandus sur les deux Hémisphères, des lettres circulaires expliquant l'origine et la nature des degrés sublimes de la maçonnerie et leur institution en Caroline du Sud* » ; y était révélée l'inauguration, le 31 mai 1801, d'un Suprême Conseil du 33e degré pour les États-Unis régis par de Grandes Constitutions (Bordeaux, 1762 et Berlin, 1786). Cette circulaire dévoilait l'existence d'un nouveau système maçonnique en 33 degrés, incluant celui en 25 degrés importé de France en 1761 par Étienne Morin, recopié par Henry Francken et propagé aux Antilles sous l'appellation d' « Ordre du Royal Secret ». La lettre de créance accordée le 21 février 1802 par le Suprême Conseil de Charleston au comte Alexandre, François, Auguste de Grasse (Auguste étant son prénom usuel), le présentant comme Grand Inspecteur et « Grand Commandeur à vie du Suprême Conseil des Iles françaises de l'Amérique » et la « Circulaire de Dalcho » fournissent d'intéressantes indications sur la genèse de notre Ordre.

Ces deux documents indiquent notamment :

- qu'à l'origine notre Rite était dénommé « Ordre Royal et Militaire de l'Ancienne et Moderne Franche-Maçonnerie (l'appellation « Rit Écossais Ancien Accepté » apparaîtra pour la première fois dans l'Article V des Dispositions générales du « Concordat » conclu le 5 décembre 1804 entre la Grande Loge Générale Écossaise et le Grand Orient de France avant d'être mondialement usitée) ;
- que la plupart des degrés de ce nouveau Rite provenaient de l'Ancien Continent et plus particulièrement de France ;
- qu'il existait, au moins à partir du 21 février 1802, un Suprême Conseil des Iles françaises d'Amérique présidé par le Grand Commandeur de Grasse-Tilly;
- qu'Étienne Morin joua un rôle déterminant dans la propagation aux Antilles des « Degrés Sublimes » conférés par une Grande Loge Sublime, appelée parfois Loge Ineffable ou Loge de Perfection ;
- que le nouveau Rite était organisé sur la base des « Règlements et Constitutions de Bordeaux » (20 septembre 1762) et des « Grandes Constitutions de Berlin » (1er mai 1786), même si l'existence réelle de ces dernières n'était qu'affirmée.

1804 – fondation du Suprême Conseil de France et de la Grande Loge Générale Écossaise

Alexandre, François, Auguste comte de Grasse, marquis de Tilly, planteur chassé de Saint-Domingue et ruiné, rentre en France en juillet 1804, après s'être réfugié durant deux années difficiles à Charleston (Caroline du Sud). Il se met en rapport avec la loge « Saint-Alexandre d'Écosse » (héritière de la loge « Saint-Jean d'Écosse du Contrat Social » dans laquelle il avait été initié en 1783) et qui venait de reprendre le titre de « Mère Loge Écossaise de France » après avoir refusé de se placer sous l'obédience du Grand Orient de France. De septembre à décembre 1804, de Grasse mène une intense activité maçonnique. En vertu des droits et pouvoirs que lui conféraient les Grandes Constitutions de 1786, il va entreprendre la création d'un Suprême Conseil en France :

- 22 septembre 1804 : formation d'un Suprême Conseil provisoire de trois membres.
- 17 octobre 1804 : création d'un Consistoire en vue d'unifier l'Écossisme en France.

- 20 octobre 1804 : après avoir atteint le nombre requis de neuf membres, le Suprême Conseil de France est établi.

- 22 octobre 1804 : création de la Grande Loge Générale Écossaise de France (G.L.G.E.) dont la Grande Maîtrise est proposée à Louis Bonaparte qui l'accepte, mais son frère Napoléon la lui récuse ; le maréchal Kellerman en devient alors le « Grand Administrateur », de Grasse-Tilly le « Représentant du Grand Maître » le général comte de Valence et Lacepède en sont désignés « Grands Conservateurs ».

- 1er novembre 1804 : circulaire de la Grande Loge Générale Écossaise annonçant sa naissance : vif émoi au Grand Orient de France et réaction de l'Empereur qui souhaite une Franc-maçonnerie unie afin de pouvoir mieux la contrôler. Cambacérès, Archichancelier de l'Empire et Premier Grand Maître Adjoint du Grand Orient, informe Kellerman de la volonté impériale. Les deux Obédiences entament des négociations :

- 3 décembre 1804 : signature d'un « Concordat », ratifié le 5.

- 29 décembre 1804 : les Frères du Grand Orient promus au 33e degré par le Suprême Conseil lui prêtent allégeance.

- 8 janvier 1805 : en application du Concordat, la Grande Loge Générale Écossaise dépose ses archives et sceaux au Grand Orient de France.

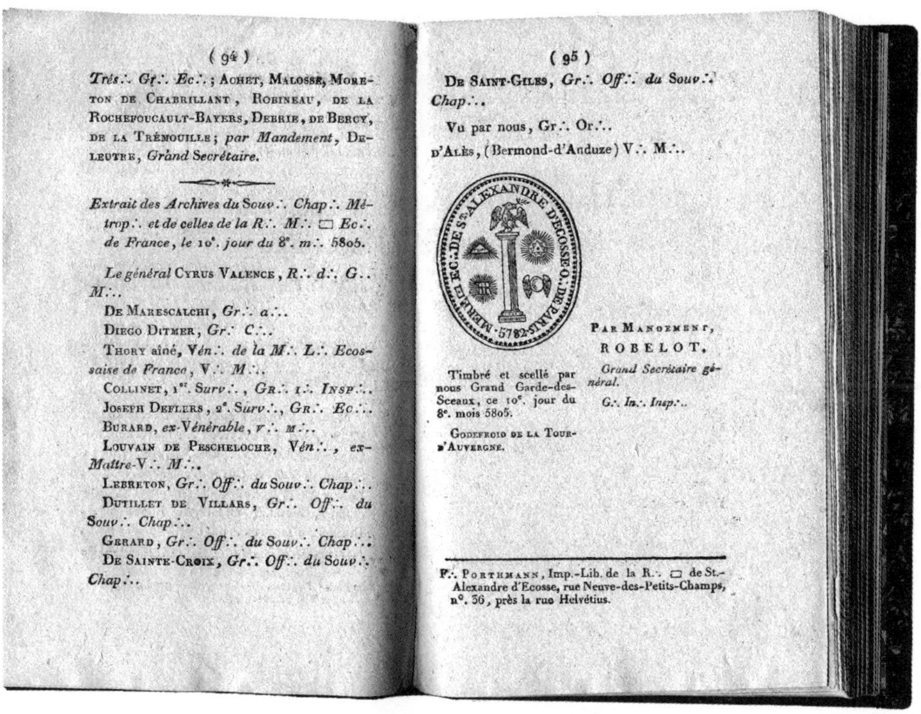

(94)

Très∴ Gr∴ Ec∴ ; ACHET, MALOSSE, MORETON DE CHABRILLANT, ROBINEAU, DE LA ROCHEFOUCAULT-BAYERS, DEBRIE, DE BERCY, DE LA TRÉMOUILLE ; *par Mandement*, DELEUTRE, *Grand Secrétaire.*

Extrait des Archives du Souv∴ *Chap∴ Métrop∴ et de celles de la R∴ M∴ ▭ Ec∴ de France, le 10e. jour du 8e. m∴ 5805.*

Le général CYRUS VALENCE, *R∴ d∴ G∴ M∴.*

DE MARESCALCHI, *Gr∴ a∴.*

DIEGO DITMER, *Gr∴ C∴.*

THORY aîné, *Vén∴ de la M∴ L∴ Ecossaise de France*, V∴ *M∴.*

COLLINET, 1er. *Surv∴*, GR∴ I∴ *INSP∴.*

JOSEPH DEFLERS, 2e. *Surv∴*, GR∴ *Ec∴.*

BURARD, *ex-Vénérable*, *r∴ m∴.*

LOUVAIN DE PESCHELOCHE, *Vén∴*, *ex-Maître-V∴ M∴.*

LEBRETON, *Gr∴ Off∴ du* Souv∴ *Chap∴.*

DUTILLET DE VILLARS, *Gr∴ Off∴ du* Souv∴ *Chap∴.*

GERARD, *Gr∴ Off∴ du* Souv∴ *Chap∴.*

DE SAINTE-CROIX, *Gr∴ Off∴ du* Souv∴ *Chap∴.*

(95)

DE SAINT-GILES, *Gr∴ Off∴ du* Souv∴ *Chap∴.*

Vu par nous, Gr∴ Or∴.

D'ALÈS, (Bermond-d'Anduze) V∴ M∴.

Timbré et scellé par nous Grand Garde-des-Sceaux, ce 10e. jour du 8e. mois 5805.

GODEFROID DE LA TOUR-D'AUVERGNE.

PAR MANDEMENT,
ROBELOT,
Grand Secrétaire général.

G∴ In∴ Insp∴.

F∴ PORTHMANN, Imp.-Lib. de la R∴ ▭ de St.-Alexandre d'Écosse, rue Neuve-des-Petits-Champs, n°. 36, près la rue Helvétius.

Statuts du Souv. Chap. et de la Loge St. Alexandre d'Écosse - 1805. M.A.B. de la GLDF

- 5 juillet 1805 : le Grand Orient constitue un « Grand Directoire des Rites », aussitôt considéré comme une violation du Concordat par les « Écossais » qui rompent l'accord.
- 16 septembre 1805 : un *modus vivendi* est trouvé (il sera appliqué jusqu'en 1814) aux termes duquel le G.O.D.F. initiera du 1er au 18e degré inclus et le Suprême Conseil de France du 19e au 33e.
- 24 septembre 1805 : le Suprême Conseil constitue un « Grand Consistoire de France » en lieu et place de l'éphémère Grande Loge Générale Écossaise.

La Maçonnerie Écossaise de 1806 à 1821

Rappelé aux Armées au printemps 1806, de Grasse-Tilly remet sa charge de Souverain Grand Commandeur au Suprême Conseil qui le remplace, en août, par Régis de Cambacérès, qui cumule la présidence de tous les corps maçonniques de France et maintient un juste équilibre entre tous les Rites.

La chute du 1er Empire rompt cette stabilité et incite le Grand Orient, profitant de l'exil de Cambacérès, à reprendre sa stratégie centralisatrice. Le 16 août 1814, il charge sa « Grande Loge de Conseil et d'Appel » de définir les moyens de centraliser tous les Rites et invite le Suprême Conseil à désigner des représentants pour y travailler avec elle. Refusant d'être absorbé, le Suprême Conseil rompt les négociations le 28 octobre mais plusieurs de ses membres rallient le G.O.D.F.

Après une nouvelle offensive et ne voulant pas aliéner la souveraineté et l'indépendance que les Grandes Constitutions confèrent aux Suprêmes Conseils, Honoré Muraire, Président de la Cour de Cassation sous l'Empire, et six autres membres restés fidèles à la Juridiction, rejettent fermement et définitivement ce projet de centralisation des Rites qui équivalait à une fusion ; ils s'en expliquent par une circulaire adressée le 26 août à tous les Ateliers écossais. Exsangue, mais refusant de prononcer sa mise en sommeil, le Suprême Conseil, dès lors, se réunit épisodiquement jusqu'en 1821.

Entre-temps, de Grasse-Tilly, prisonnier des Anglais de 1812 à 1814, était revenu en France et s'était mis au service de Louis XVIII. Rentré de Gand où il avait suivi le souverain durant les « Cent Jours », il réunit son « Suprême Conseil d'Amérique » (constitué d'exilés des Antilles françaises et de métropolitains indûment cooptés par son beau-père Jean-Baptiste de La Hogue), dont il était toujours le Grand Commandeur, et le déclare apte à gérer provisoirement le Rite Écossais Ancien et Accepté en France ; mais des désordres et des rivalités de personnes amèneront ce Suprême Conseil à se scinder en deux factions rivales.

Le procès inique intenté à de Grasse-Tilly et la suppression du caractère *ad vitam* de sa charge l'amène à en démissionner le 8 septembre 1815 puis, le 15, à proposer le comte Elie Decazes comme successeur. Celui-ci accepte la fonction *pro tempore* ; secondé par le général comte de Fernig, il va se consacrer à la réunification de la famille « écossaise ». Fin 1820, il se met en rapport avec les membres du Suprême Conseil de France : Muraire, Valence, Ségur, Lacepède, Fréteau de Peny, afin qu'ils remettent la Juridiction en activité et s'apprêtent à y intégrer le Suprême Conseil d'Amérique.

1821-1847 - refondation et essor de l'Ordre Écossais

Le 1er janvier 1821, le Suprême Conseil de France annonce la reprise de ses activités aux Ateliers Écossais. Estimant sa tâche terminée, Decazes se retire le 24 avril. Une série de décrets réorganise la Juridiction :

- 7 mai 1821 : décret prononçant la réunion du Suprême Conseil d'Amérique au Suprême Conseil de France. Un second décret fixe le nombre de ses membres et un troisième porte sur la nomination aux dignités vacantes. Le comte Cyrus de Valence est désigné Grand Commandeur à la place de Cambacérès, démissionnaire, qui devient Grand Commandeur Honoraire.
- 21 mai 1821 : décret réorganisant la Commission administrative et réglant ses attributions.
- 6 juin : constitution de la Loge de la Grande Commanderie composée de tous les SS. GG. II. GG. du 33e degré et d'autres « Maçons éminents ».
- 24 juin 1821 : importantes cérémonies pour l'inauguration du Suprême Conseil du R.E.A.A., l'intronisation du comte de Valence, l'installation des Grands Officiers et l'établissement de la Loge de la Grande Commanderie.
- 12 juillet 1822 : transformation de la Loge de la Grand Commanderie en Grande Loge Centrale Écossaise (G.L.C.E.) dont le Grand Commandeur devient le Grand Maître de droit. Cette particularité française perdurera jusqu'en 1894 et le chef de l'Ordre Écossais en France portera jusqu'à cette date le titre de Grand Commandeur - Grand Maître.

Un décret fixe les attributions de ses trois Sections : à la première échoient les nominations aux degrés symboliques, jusque et inclus le 18e degré ; à la deuxième, celles du 19e au 32e inclus ; la troisième se voit confier une fonction administrative. À cette même date, le Suprême Conseil promulgue sa première « Déclaration des Principes » précisant le but de l'Association maçonnique.

Désormais bien structuré, formant une entité unique du 1er au 33e degré du R.E.A.A., l'Ordre Écossais va pouvoir se développer, s'affirmer face au Grand Orient de France et assurer la pérennisation de l'Écossisme sous la direction de Grands Commandeurs prestigieux : le comte de Ségur, le duc de Choiseul-Stainville, le duc Decazes. De 1821 à 1824, 16 Ateliers sont créés ou se rangent sous l'Étendard du Suprême Conseil.

La politique, et la chute de Charles X, en 1830, amènent plusieurs membres du Suprême Conseil, monarchistes libéraux, à s'impliquer avant et au moment des « Trois Glorieuses », à favoriser l'avènement de Louis-Philippe et à soutenir la « Monarchie de Juillet ». Le marquis de La Fayette, héros de l'indépendance des États-Unis et Lieutenant Général du Royaume ayant eu un rôle majeur durant ces évènements, est coopté au Suprême Conseil le 21 novembre de cette année.

Plusieurs Ateliers « juilletistes » vont naître dans la foulée de la « Révolution de 1830 » : *Les Amis de la Liberté* N° 46, *Les Trois Jours* N° 47, *Les Patriotes* N° 48, mais ils seront rapidement démolis en raison de leur activisme politique.

L'Ordre Écossais montre sa vocation universaliste à l'occasion de la signature à Paris, le 23 février 1834, d'un « Traité d'Union et d'Alliance » avec les Suprêmes Conseils de Belgique, du Brésil et de l'Hémisphère Occidental. Outre l'adoption de la version latine des Grandes Constitutions, proposée par le Frère comte Roume de Saint-Laurent (réactualisant celles de 1786), ce Traité réaffirme qu'aucune puissance de R.E.A.A. ne peut se fondre dans une puissance d'un autre Rite « *sans perdre son indépendance, son autorité et jusqu'à son existence même* ». Cette volonté de ne jamais aliéner son autonomie, sa liberté et sa souveraineté sera toujours le trait essentiel de l'Ordre Écossais. D'où le nouveau refus du Suprême Conseil, le 25 juillet 1835, de fusionner avec le Grand Orient de France qui offrait en contrepartie sa Grande Maîtrise au duc de Choiseul-Stainville.

Le 6 novembre 1841, le sénat maçonnique du G.O.D.F. met fin à l'ostracisme qui frappait le R.E.A.A. depuis 1815 et accepte que ses membres puissent fréquenter les Ateliers du Suprême Conseil. En décembre, à leur Fête de l'Ordre respective, les chefs des deux Obédiences se reçoivent mutuellement.

À l'intronisation du duc Decazes, le 24 juin 1838, l'Ordre Écossais compte 25 Loges symboliques, 11 Chapitres et 2 Aréopages; dix ans plus tard, il y en a 50, 16 et 2, mais la Révolution de 1848 va changer la donne.

1848-1851 – la fièvre révolutionnaire

La Révolution de 1848 surprend les dirigeants du Suprême Conseil comme ceux du Grand Orient qui ont du mal à comprendre et à contenir les nouvelles générations de Maçons séduits par les idéaux républicains de démocratie et de justice sociale. À l'instar de ce qui se passe dans le pays, ils réclament des réformes et plus de liberté pour les Loges symboliques.

Trois jours après l'instauration du suffrage universel par le Gouvernement provisoire de la IIe République, la Loge *Le Patronage des Orphelins* N° 112 fait scission le 5 mars 1848 et annonce la formation d'une Grande Loge Nationale (G.L.N.). Limitée aux trois premiers degrés (les Hauts Grades étant supprimés), elle ambitionne de remplacer les Obédiences existantes et préconise la création d'un Rite unique en France. Le 21 juillet 1848, le Suprême Conseil radie les organisateurs de la dissidence et raie de ses Tableaux *Les Trinitaires* N° 44 et les *Commandeurs du Mont Liban* N° 48 qui avaient rejoint la Grande Loge Nationale; le Très Illustre Frère Jules Barbier, Grand Orateur du Suprême Conseil, ayant soutenu le mouvement, est exclu.

1852-1870 – sous le Second Empire

N'entrant pas dans le cadre de la loi du 28 juillet 1848 sur les Associations et non reconnue comme maçonnique par le Grand Orient et le Suprême Conseil, la Grande Loge Nationale, interdite, est amenée à se dissoudre le 14 janvier 1851.

En 1861, la loge *Saint-Vincent de Paul* N° 133, supprime de ses Planches de convocation la référence au « Grand Architecte de l'Univers » et choisit un nouveau titre distinctif: *La Justice*. Le Suprême Conseil ne l'autorise qu'à s'intituler « Loge 133 ». Pépinière de Maçons avant-gardistes qui s'impliqueront dans la Commune puis sous la IIIe République et seront des meneurs pour l'émancipation des loges symboliques, cette loge rebelle comptera de fortes personnalités : Camille Raspail (fils de François-Vincent), François Favre (directeur du journal *Le Monde Maçonnique*), des « communards » tels le général Eudes (disciple de Blanqui), le journaliste écrivain révolutionnaire Jules Vallès et des hommes politiques de premier plan : Henri Brisson et Charles Floquet, futurs Présidents du Conseil.

Le Suprême Conseil s'étant gardé de prendre position durant la IIe République, bénéficie d'une prudente tolérance de la part du gouvernement de Napoléon III qui, comme son oncle, souhaite néanmoins inféoder toute la Franc-maçonnerie à son régime.

En 1862, l'Ordre Écossais se voit confronté à une brutale offensive du nouveau Grand Maître du G.O.D.F., un profane imposé par le pouvoir, le Maréchal Magnan, homme à poigne ayant participé activement à la répression de juin 1848 et au coup d'État du 2 décembre 1851, qui prétend absorber le Suprême Conseil et ses Ateliers. La vigoureuse résistance du Grand Commandeur Vienet sauve la Juridiction : elle est saluée à l'époque comme une victoire de la liberté et amène vers les Loges Écossaises un afflux de néophytes voulant garder leurs distances à l'égard du gouvernement impérial.

En 1865, la Première Section de la Grande Loge Centrale vote une motion selon laquelle « *la croyance en Dieu et en l'immortalité de l'âme relèvent de la conscience individuelle et ne peuvent faire l'objet d'une profession de foi collective* ». L'Orateur de cette même Grande Loge Centrale déclare à la Fête de l'Ordre de décembre 1865 que la morale maçonnique est tout humaine et il revendique le droit à l'initiation pour qui ne croit pas en l'existence d'un Dieu personnel ; le 24 juin 1867, il affirme que « *c'est sur la libre pensée et le libre examen que la Franc-maçonnerie fonde sa légitime influence* ».

En avril 1868, l'agitation reprend dans les Ateliers symboliques. Charles Floquet, Orateur de la « Loge 133 », envisage la convocation d'un Convent spécial. Le Suprême Conseil ferme plusieurs Loges frondeuses puis les rouvre après soumission. *L'Alliance Fraternelle* N° 174 et *Les Héros de l'Humanité* N° 147 désignent chacune trois délégués afin de constituer un Comité Central du Rite Écossais Réformé (C.C.R.E.R.) qui, le 14 mai 1868, réclame le suffrage universel pour les Loges symboliques ; mais, à la réunion de la Grande Loge Centrale du 27 juin 1868, le Lieutenant Grand Commandeur Bénédict Allegri fait savoir que le Suprême Conseil ne peut l'accorder au risque d'un suicide. Le malaise gagne le Suprême Conseil, partagé entre partisans et adversaires du changement: Allegri démissionne, le réformateur Adolphe Crémieux le remplace le 8 mars 1869.

Des gages sont donnés: l'Article I des Règlements Généraux préconisant l'adoration de Dieu, Grand Architecte de l'Univers, devient le 23 mars:

« *L'Ordre maçonnique se fonde sur le principe de la liberté religieuse, sur les règles de la plus pure morale, sur les doctrines les plus élevées de la philosophie. Il proclame le sentiment de la dignité humaine source de la fraternité universelle, c'est-à-dire l'égalité entre les hommes qui se doivent appui mutuel.* (...) *Il a pour devise: Liberté – Égalité – Fraternité* ».

L'Article 29: « *Tout Maçon est nécessairement un homme fidèle à sa Foi, à son Prince, à sa Patrie et soumis aux Lois* » est reformulé ainsi: « *Tout Maçon est nécessairement dévoué à l'Humanité, à sa Patrie et soumis aux Lois* ». Un projet de définition de la Franc-maçonnerie est élaboré:

« *La Franc-maçonnerie se partage en différents Rites qui, bien que divers, tendent aux mêmes buts: la recherche de la vérité et la pratique de la vertu. La philosophie de la morale, la bienveillance envers les hommes, le respect de la personne morale, voilà ce que les Maçons étudient et pratiquent* ».

Malgré ces concessions, le climat troublé persiste. La Grande Loge Centrale réclame toujours la suppression du « Grand Architecte de l'Univers »; Crémieux, qui en est aussi le Grand Maître, donne sa démission puis la reprend après qu'une délégation lui ait promis de ne plus remettre son autorité en question.

1870-1879 - la montée revendicatrice

La chute brutale du Second Empire, le 4 septembre 1870, va raviver l'effervescence des Loges symboliques gagnées à la cause républicaine. Crémieux participe au Gouvernement de la Défense Nationale comme ministre de la Justice (en cette qualité, il sera l'auteur du décret du 24 octobre 1870 conférant la citoyenneté française aux Juifs d'Algérie).

La Commune débute en mars 1871 après que Thiers ait ordonné la restitution des canons détenus par les Parisiens; parmi ses meneurs se trouve le général Eudes, de *La Justice* N° 133, qui retrouve son ardeur révolutionnaire. Le Très Illustre Frère Frédéric Malapert, du Suprême Conseil, dénonce courageusement, en juin, les crimes des « Versaillais ».

Un décret du 2 décembre 1872 fait savoir que le triptyque *Liberté - Égalité - Fraternité* doit être ajouté à l'invocation traditionnelle *À la Gloire du Grand Architecte de l'Univers* maintenue obligatoire par les nouveaux Règlements généraux du 10 mars 1873; mais, le 29, la Grande Loge Générale Écossaise invite une nouvelle fois le Suprême Conseil à supprimer cette référence, même au risque de rompre avec les autres Juridictions: en vain. Le Grand Commandeur Crémieux assiste, le 8 septembre 1873, à la cérémonie d'installation de la loge *Alsace-Lorraine* du G.O.D.F. et y déclare: « *Chers Frères, on ne doit pas parler politique dans nos Ateliers, c'est la règle maçonnique.* (...) *La politique, pour les Maçons, c'est une politique de paix, de conciliation, de rapprochement sincère. Ici, tous les cultes sont admis sans se combattre.* (...) *De même, il faut admettre toutes les opinions...* »

En avril 1875, la querelle du « Grand Architecte de l'Univers » se rallume: *La Justice* N° 133 et *Les Fils d'Hiram* N° 190 sont mises en sommeil. Pour trouver une issue à la controverse qui s'amplifie, le Suprême Conseil de France s'associe à la convocation d'un Convent Universel qui se tient du 6 au 22 septembre 1875 à Lausanne.

D'importantes décisions, prises à l'unanimité des 11 Juridictions représentées, y sont adoptées: révision des Grandes Constitutions de 1786, approbation d'un Manifeste et d'une Déclaration des Principes, maintien de la devise DEUS MEUMQUE JUS à laquelle chaque Suprême Conseil pourra adjoindre une sous-devise (pour le Suprême Conseil de France, ce sera *Liberté Égalité Fraternité*), obligation de l'invocation du « Grand Architecte de l'Univers » défini, hors de toute acception religieuse, comme « Principe Créateur », « Créateur Supérieur » ou « Force Supérieure », élaboration d'un « Tuileur des 33 Grades ».

Au retour de Lausanne, le climat est à l'apaisement; au cours d'une Tenue, Crémieux déclare: « *Nos bras sont ouverts pour toutes les convictions* (...) *Nous ne donnons aucune forme au « Grand Architecte de l'Univers », nous laissons à chacun le soin d'en penser ce qu'il veut. Quant à nous, nous nous inclinons devant l'Infini, l'Incompréhensible et nous n'imposons pas plus la religion de Jupiter que celle d'Adonaï, toutes sont égales à nos yeux...* »

En février 1879, l'Orateur de la Première Section de la Grande Loge Centrale, Gustave Mesureur, demande l'autonomie pour les Loges symboliques et figure parmi les signataires d'une circulaire du « Parti de la réforme » envoyée aux loges symboliques. Son *Examen Critique et Historique de Rite Écossais en France* provoque le courroux du Suprême

Conseil qui démolit une nouvelle fois sa loge *La Justice* N° 133 ; celle-ci rejoindra les contestataires qui créeront une nouvelle Obédience.

Le 12 février 1880, 12 Loges symboliques font scission du Suprême Conseil et créent la Grande Loge Symbolique Écossaise qui se présente comme l'héritière de la Grande Loge Nationale de 1848. La nouvelle Obédience reçoit l'autorisation officielle du ministre de l'Intérieur ; le Grand Orient de France la reconnaît.

En 1881, le Suprême Conseil adopte et promulgue de nouveaux Règlements Généraux : désormais les trois Sections de la Grande Loge Centrale peuvent élire leur président. Le G.O.D.F. informe le Suprême Conseil que son Convent a nommé une commission à l'effet d'entrer en contact avec lui pour parvenir à la Constitution d'un Grand Orient Symbolique et d'un Suprême Conseil distincts et indépendants l'un de l'autre. Dans sa réponse, le Suprême Conseil demande au G.O.D.F. s'il est disposé, pour base de négociation, d'accepter le maintien des Grandes Constitutions révisées à Lausanne ; les pourparlers en restent là. À la Fête de l'Ordre de décembre 1886 et à l'occasion de l'inauguration de nouveaux locaux acquis 42 rue Rochechouart, le Très Illustre Frère Claude Gonnard, Lieutenant Grand Commandeur du Suprême Conseil, s'exprime sur « *L'enseignement national dans notre démocratie française* » et le Frère Charles Floquet, de la Grande Loge Symbolique Écossaise, Président de la Chambre des Députés, sur « *Le rôle de la Franc-maçonnerie dans la société* ». La montée du « boulangisme » rapproche les Obédiences : la Fête de l'Ordre de décembre 1887 rassemble autour du Suprême Conseil de France les Représentants de la Grande Loge Symbolique Écossaise, du Grand Orient de France et du Rite de Misraïm. En 1891, le Suprême Conseil compte 77 Loges symboliques, 22 Chapitres et 8 Aréopages.

1894 – création de la Grande Loge de France

À la suite de la réunion à l'Orient de Lille d'un Congrès régional des Loges Écossaises du Nord présidé par le Frère Bernard Wellhoff (futur Grand Maître de la Grande Loge de France de 1919 à 1922), le Suprême Conseil est saisi de diverses propositions tendant à ce que les Loges bleues soient mises en possession du droit de s'administrer elles-mêmes. Ce dernier décide alors qu'un Congrès de toutes les Loges Écossaises se réunira à Paris pour étudier ces propositions et en fixe la date au 7 novembre 1894.

Les délégués des Loges présents à ce Congrès adoptent à une large majorité un vœu exprimant le désir que l'autonomie administrative soit accordée aux Ateliers bleus; le Suprême Conseil leur donne aussitôt satisfaction et rend le décret suivant:

Le Suprême Conseil,
Vu le procès-verbal du Congrès des Loges de l'Obédience réunies ce jour;
En vertu de l'Article 6 des Grandes Constitutions;
Ouï le Grand Orateur en ses conclusions,
Décrète:

Article Premier. - Les Ateliers du 1er au 3e degré, placés sous l'Obédience du Suprême Conseil de France, forment, sous le nom de Grande Loge de France, une Fédération s'administrant elle-même.

Art.2. - Les relations entre le Suprême Conseil et la Grande Loge sont réglées d'une manière générale sur les bases suivantes:

a) La Patente de Constitution de tout Atelier nouveau émane de l'autorité du Suprême Conseil;

b) Sur la proposition de la Grande Loge de France, le Suprême Conseil prononce la création, la mise en sommeil, le réveil, la démolition d'un Atelier;

c) le Suprême Conseil délivre le passeport écossais aux Frères de la Fédération, sur demande et sous la responsabilité de la Grande Loge de France;

d) La matricule de la Grande Loge est communiquée régulièrement au Suprême Conseil;

e) Une délégation officielle du Suprême Conseil ne visite un Atelier qu'après en avoir prévenu le Vénérable Maître; elle est reçue avec les honneurs traditionnels;

f) À la réunion annuelle de la Grande Loge de France, le Suprême Conseil fait connaître le chiffre de la contribution que la Grande Loge est appelée à voter.

Art.3. - Sont abrogés les articles des Règlements Généraux concernant les rapports des Ateliers du 1° au 3° degré avec le Suprême Conseil et notamment les articles qui concernent la Grande Loge Centrale et le Conseil d'administration.

Art.4. - La présente organisation entrera en vigueur à partir du premier janvier 1895.

Art.5. - Le Grand Chancelier est chargé de l'exécution du présent décret.

Donné à l'Orient de Paris, le septième jour du mois de novembre mil huit cent quatre-vingt-quatorze (E.V.)

Cette autonomie administrative, encore partielle et conditionnelle, fut accordée sous la pression des Loges symboliques, après plusieurs décennies de conflits entre une autorité liée à une forte Tradition centralisatrice et à ses devoirs envers le R.E.A.A. et une base plus sensible aux évolutions et plus prompte aux réformes. L'infléchissement des mentalités dans le pays comme au sein de la Maçonnerie permit une avancée, mais il faudra encore attendre une décennie pour que l'autonomie totale de la Grande Loge de France soit acquise.

La même année, la Grande Loge Symbolique Écossaise (créée en 1880) change son appellation en Grande Loge Écossaise de France mais son ancien intitulé perdurera. Le 6 octobre 1894, elle se prononce pour sa réunion aux loges symboliques du Suprême Conseil (devenues officiellement Grande Loge de France le 1er janvier 1895) ; cette fusion s'effectuera deux ans plus tard.

1895-1904 – Juridiction et Obédience se démarquent

Le début de l'année 1895 est consacré à de difficiles négociations entre la toute nouvelle Grande Loge de France et la Grande Loge Symbolique Écossaise de 1880 ; le 15 février, un Congrès des Loges Écossaises des deux Obédiences candidates à la fusion ne réussit pas à surmonter les difficultés pratiques et financières que présente cette opération. Le 23 février, une réunion plénière des délégués des loges symboliques issues du Suprême Conseil se tient dans ses locaux de la rue Rochechouart et déclare la Grande Loge de France constituée. Un Conseil Fédéral provisoire de neuf membres élus (le Frère Étienne Guillemaud en étant le président) est chargé de l'administration de la nouvelle puissance maçonnique ; les 9, 11 et 12 mai, la Grande Loge à nouveau réunie adopte le budget, la Constitution et les Règlements Généraux que lui présente son Conseil Fédéral provisoire ; elle procède ensuite à l'élection d'un Conseil Fédéral définitif, à celle des Grands Officiers et du premier Grand Maître de la Grande Loge de France : Étienne Guillemaud.

Le 17 juin 1895, l'Obédience décrète que les travaux de ses Loges s'ouvriront « Au nom de la Grande Loge de France et sous les Auspices du Suprême Conseil du Rite Écossais Ancien et Accepté pour la France et ses Dépendances ». Le 20 mars 1896, un Convent extraordinaire discute de la compatibilité entre les fonctions de Conseiller Fédéral et de membre du Suprême Conseil : l'incompatibilité l'emporte.

De même celle entre la fonction de Conseiller Fédéral et de député de sa Loge.

La Tenue de Grande Loge du 19 juin suivant autorise le choix des Conseillers Fédéraux parmi les Frères des Hauts Grades et réciproquement aux membres de la Juridiction de pouvoir devenir députés à la Grande Loge. Le Grand Orient de France ayant refusé de reconnaître la Grande Loge, celle-ci demande au Suprême Conseil s'il se montrerait solidaire au cas où elle déciderait de rompre avec cette Obédience : il lui est répondu que la solidarité de tous les Ateliers Écossais ne serait pas remise en cause. Pour entériner le projet de fusion entre la Grande Loge de France et la Grande Loge Symbolique Écossaise, un Congrès constitutif réunit à Paris du 18 au 20 décembre 1896 les députés de leurs loges respectives et se prononce pour l'élection de 25 Conseillers Fédéraux ; parmi les élus se trouvent Bernard Wellhoff qui avait organisé le Congrès décisif de Lille et Gustave Mesureur, initié en 1869 à *La Justice* N° 133, un des animateurs de la fronde menée contre le Suprême Conseil, président en 1882 et 1893 de la Grande Loge Symbolique Écossaise et futur Grand Maître de la Grande Loge de France 1903-1910, 1911-1913, 1924-1925.

1904 – l'indépendance

Début 1899, la Grande Loge demande à établir des relations fraternelles avec la Grande Loge Unie d'Angleterre qui décline l'offre au prétexte qu'elle ne fait pas référence dans sa Constitution aux *Landmarks*, ni à Dieu et ne possède pas de Volume de la Loi Sacrée. La demande est renouvelée avec réfutation des arguments prononcés contre elle ; cette fois la Grande Loge Unie d'Angleterre, dans un courrier daté du 9 octobre, évoque, pour refuser sa reconnaissance, le fait que la Grande Loge de France n'est pas une puissance souveraine et qu'elle ne reconnaît aucune puissance dépendant d'un autre corps maçonnique tel un Suprême Conseil. Dès lors se pose la question des liens qui rattachent encore la Grande Loge à la Juridiction.

Courant 1900, plusieurs Ateliers s'interrogent pour savoir si la Franc-maçonnerie doit ou non conserver ses formes symboliques et faire usage ou non de la référence au « Grand Architecte de l'Univers ». Une Commission est constituée par la Grande Loge pour étudier les rituels et élaborer une instruction pour les trois degrés symboliques.

Oswald Wirth, de la loge *Travail et Vrais Amis Fidèles*, milite en faveur d'une Maçonnerie initiatique détachée des luttes profanes.

À sa tenue d'octobre, le Conseil Fédéral envisage un projet de traité « d'Alliance » avec le Suprême Conseil pour que soit reconnu à la Grande Loge le droit exclusif de délivrer des Patentes constitutives pour les loges bleues, l'Obédience de son côté s'engagerait à ne pas créer des Ateliers supérieurs au 3e degré. Le Suprême Conseil objecte que la Grande Loge n'a pas à s'estimer en état d'infériorité et rappelle que le décret du 7 novembre 1894 répondait au vœu des loges bleues voulant une autonomie administrative mais souhaitant néanmoins rester « sous l'autorité dogmatique » du Suprême Conseil.

Lors du Convent du 23 décembre, le Grand Secrétaire regrette l'échec de la Grande Loge qui ne put organiser un Congrès maçonnique international en marge de l'Exposition Universelle parce que les Obédiences étrangères la considéraient toujours comme la branche administrative d'un Rite et non comme une puissance maçonnique libre; le Conseil Fédéral souhaite dès lors modifier les conditions des relations existantes entre l'Obédience et la Juridiction afin que, chacune pour leur part et dans une totale indépendance de l'une et de l'autre, elles assument conjointement la continuité d'un Écossisme uni et indissoluble. Des négociations sont entamées en 1901 mais le Suprême Conseil allègue les Grandes Constitutions pour signifier qu'il ne lui est pas possible de signer un traité « d'Alliance » avec une Grande Loge créée par lui.

Des tensions se manifestent entre les deux corps maçonniques tout au long des années 1902 et 1903; en juillet 1903, le Grand Maître François Bonnardot annonce qu'il renoncera à sa charge s'il n'obtient pas l'autonomie absolue pour la Grande Loge, la suppression de la formule « sous les Auspices du Suprême Conseil de France » et le droit de délivrer des patentes. En octobre, le Convent porte Gustave Mesureur à la Grande Maîtrise; celui-ci est favorable à un apaisement des relations avec le Suprême Conseil bien que les divergences se soient encore exacerbées. Finalement, après quelques ultimes escarmouches durant le premier semestre 1904, le Suprême Conseil consent à accorder l'autonomie complète à la Grande Loge de France par son décret du 26 juillet 1904:

Le Suprême Conseil,
Vu le décret du 7 novembre 1894,

Considérant qu'il paraît utile de donner aux dispositions de ce décret une interprétation de nature à ne laisser aucune place à l'équivoque et à régler définitivement les relations entre le Suprême Conseil et la Grande Loge de France,

Ouï le Grand Orateur dans ses conclusions :

Décrète,

Art. premier - Les paragraphes B et C de l'art. 2 du décret du 7 novembre 1894 sont abrogés. Par suite, la Grande Loge de France délivrera elle-même la Patente écossaise de Constitution de tout Atelier du premier au troisième degré.

Art. 2 - Le Grand Chancelier et le Grand Secrétaire Général sont chargés de l'exécution du présent décret.

Donné à l'Orient de Paris, le vingt-sixième jour du mois de juillet mil neuf cent quatre (E.V.).

Ainsi, un siècle (1804-1904) aura été nécessaire à l'Ordre Écossais pour germer, croître et s'enraciner solidement dans le terreau maçonnique français. Dans un contexte national en perpétuel bouleversement durant tout le XIXe siècle, il lui aura fallu se défendre de la convoitise d'autres Puissances maçonniques, dégager ses potentialités et conforter son existence avant de pouvoir affirmer sa propre spécificité.

À l'image de son emblème, l'Aigle bicéphale, il manifestera et développera une double polarité dynamique : à la Grande Loge de France, responsable et maîtresse de son destin, incombera désormais la pleine gestion de ses trois premiers degrés, au Suprême Conseil de France celle des trente degrés suivants. Indépendantes et respectueuses l'une de l'autre, obéissant chacune à leurs propres lois, les deux Puissances maçonniques, devenues conscientes de leurs rôles particuliers et de leur complémentarité nécessaire, pourront dès lors préserver conjointement l'unité du Rite Écossais Ancien et Accepté et assurer sa pérennisation.

L'essor de la Franc-maçonnerie symbolique de Rite Écossais Ancien et Accepté – 1894-1914

par François Rognon

La Franc-maçonnerie symbolique du Rite Écossais Ancien et Accepté peut être considérée comme l'ensemble des loges qui utilisent, pour l'élévation intellectuelle, morale et spirituelle de leurs membres, des rituels du Rite Écossais Ancien et Accepté aux trois premiers degrés : Apprenti, Compagnon, Maître, le message initiatique contenu dans ces 3 premiers degrés étant ensuite développé dans les différents « hauts grades » du Rite Écossais Ancien et Accepté.

Dans les îles britanniques, berceau de la Franc-maçonnerie spéculative moderne, les *side degrees*, « degrés du côté », ont également développé des grades d'approfondissement de la symbolique maçonnique dans des structures bien définies mais dont les propositions symboliques sont complètement autonomes, différentes. Les hauts grades pratiqués en France sont eux intimement mêlés aux propositions des loges symboliques. C'est dans ces systèmes que puisera le Rite Écossais Ancien et Accepté pour prendre sa forme définitive au tout début du XIXe siècle.

Bien qu'il propose une organisation cohérente de Hauts Grades, de nombreuses loges bleues, travaillant aux trois premiers degrés, vont demander à être placées sous les auspices du Suprême Conseil de France, gardien et garant du Rite Écossais Ancien et Accepté en France, qui les accueillera. On peut considérer que c'est en 1821 que le Rite Écossais Ancien et Accepté a pris, de façon définitive, la forme qu'on lui connaît aujourd'hui : une maçonnerie symbolique intégrée à un système plus général de Hauts Grades mais dont elle reste indépendante au niveau du fonctionnement interne. Cette indépendance administrative va être très rapidement revendiquée pour aboutir, en 1894, à l'autonomie des loges symboliques du Suprême Conseil. Autonomie relative qui se précisera « sur le papier » en 1904, pénétrera les esprits et passera dans les pratiques dans les années qui précèdent la guerre de 1914, date à laquelle on peut considérer que l'on entre dans l'histoire contemporaine de la Franc-maçonnerie française.

Une préfiguration d'un système maçonnique à deux étages

De 1743 à 1767, on observe en France, une prolifération de rites, d'organisations. Tous les personnages qui participeront à l'élaboration du modèle maçonnique français sont déjà là, comme en témoigne l'état des loges de la Grande Loge de France de 1766 : Étienne Morin, Jean Baptiste Willermoz, Martinez de Pasquali, Tschoudy... Cette exubérance finit par inquiéter le pouvoir civil qui suspend les travaux de la Grande Loge de France de 1768 à 1771.

En 1772, apparaît nettement un système « à deux étages » lorsque la Très Respectable Grande Loge de France s'unit de façon formelle (et rituelle ?) au Conseil des Empereurs d'Orient et d'Occident et publie des dispositions générales qui soulignent que « *sans cesse occupée de tout ce qui peut être utile à l'Art Royal, la Très Respectable Grande Loge de France, cherchait depuis longtemps le germe qui divisait ses enfants et agitait quelques orients de France. Elle a reconnu que ces divisions avaient presque toujours pour principe les prérogatives des gradués* [sic]. *Pendant qu'elle se reposait sur le Conseil des Empereurs d'Orient et d'Occident, Sublime Mère Loge Écossaise, de l'administration des grades supérieurs, elle donnait tout le soin au symbolique* ».

Il est frappant de constater que cet argument sera utilisé un siècle plus tard, en 1887, par Gustave Mesureur pour justifier un système « à deux étages » : « *la Grande Loge Symbolique Écossaise a été créée non pour constituer une autre obédience maçonnique mais pour arriver à décharger du lourd fardeau des loges bleues le Suprême Conseil qui pourra alors se donner tout entier à l'administration des Hauts Grades...* ».

Le Suprême Conseil avait déjà senti la nécessité de distinguer deux systèmes en un, en créant, en 1821, la Grande Loge Centrale dont l'une des trois sections était chargée de l'administration des loges bleues. Le registre « Matricule Général du Rit » qui commence cette année-là est le témoin de l'augmentation forte et régulière du nombre de ces loges bleues. On peut y voir arriver les loges les plus anciennes de la Grande Loge de France dont certaines sont toujours en activité : *Les Trinitaires*, qui avait pour titre distinctif originel *Les Chevaliers Bienfaisants de l'Olivier Écossais* en 1821, qui porte le n° 3, ou *Le Mont Sinaï* n° 6, en 1821 également. La Grande Loge de France continue de nos jours à inscrire les loges qu'elle créée sur ce matricule que le Suprême Conseil a utilisé conjointement jusqu'en 1964, date à laquelle il cessa d'y ajouter ses loges de Perfection du 4e au 14e degré, ses Chapitres du 18e degré et ses Aréopages du 30e degré. L'une des dernières en date, *la Nef Initiatique de Rambouillet*, en 2004, porte le n° 1349.

Le paradoxe d'un système initiatique homogène présentant deux parties qui se complètent tout en étant suffisantes en elles-mêmes, deux corps indépendants dans la forme mais unis dans la méthode, a toujours été, des origines à nos jours le principal catalyseur de la tradition du Rite Écossais Ancien et Accepté ; la tradition étant considérée comme la transmission d'un acquis éprouvé et enrichi par sa confrontation à l'évolution du monde, sur les plans matériels, intellectuels, moraux et spirituels. L'étymologie du mot catalyse renvoie au grec *katalutikos*, « propre à dissoudre ».

Les propositions d'indépendance

Ce qui est visible aujourd'hui était latent au siècle dernier. En 1848, la Loge *Le Patronage des Orphelins* n° 112 proposait une organisation où les loges se gouverneraient elles-mêmes. Les visiteurs des hauts grades pourraient revêtir leurs insignes et leurs décors, mais ne recevraient aucun honneur. Six loges se séparent du Suprême Conseil pour former une Grande Loge Nationale qui n'aura qu'une existence éphémère. En janvier 1851, dans sa dernière séance solennelle, la Grande Loge Nationale « *pardonne aux ennemis qui l'ont calomniée et à ses persécuteurs... on tire une batterie d'allégresse en l'honneur du Grand Orient et du Suprême Conseil et l'on se sépare après avoir formé la Chaîne d'Union.* »

En 1868, ce sont les loges *L'Alliance Fraternelle* n° 174 et *Le Héros de l'Humanité* n° 147 qui mènent la contestation en créant un Comité Central du Rite Écossais Réformé.

En 1874, la loge *La Justice* n° 133 et *La Mutualité* n° 190 sont mises en sommeil pour avoir refusé d'appliquer un décret du Suprême Conseil concernant le Grand Architecte de l'Univers.

En 1880, les conséquences du mécontentement des loges bleues sont plus importantes puisqu'elles se manifestent par la création de la Grande Loge Symbolique Écossaise qui a pour mot d'ordre : *aux Suprêmes Conseils les hauts grades, aux Grandes Loges le gouvernement des grades symboliques*. La nouvelle obédience n'administre que les trois premiers degrés mais reconnaît l'existence des Suprêmes Conseils ; libre aux Frères de s'y affilier mais sans qu'ils puissent en attendre des droits ou des pouvoirs particuliers.

Des décrets et des hommes

En décembre 1887, le Grand Commandeur Jean-Marie Raymond porte un toast « *à nos Frères de la Grande Symbolique Écossaise qui, partis en avant-garde pour un voyage d'exploration sont aujourd'hui avec nous et nous apportent un concours précieux pour le groupement de toutes les forces vives de la Maçonnerie en France* .»

En juin 1894, « *remarquant qu'un grand nombre de Frères pensent que si le Suprême Conseil abandonne aux loges symboliques le soin de leur administration, leurs ateliers développeront une plus grande activité... le Suprême Conseil se dit prêt à le faire s'il n'est pris aucune disposition contraire aux Grandes Constitutions.* »

En novembre 1894 le Suprême Conseil donne une certaine autonomie à ses loges bleues en créant, par décret, la Grande Loge de France à laquelle se réunira en 1896 la Grande Loge Symbolique Écossaise (qui avait pris le nom de Grande Loge Symbolique de France en 1888).

Le 22 décembre 1894, dans son discours de la première fête solsticiale de la Grande Loge de France, le Frère Silvy, Grand Orateur, adresse au Grand Commandeur et aux membres du Suprême Conseil « *un fraternel merci, au nom de toutes les loges que le Suprême Conseil a rendues autonomes, ne conservant sur elles que le droit de remontrance paternelle.* »

Cependant le Suprême Conseil continue d'accorder patente aux loges bleues jusqu'en 1904, année où, poussé par de nombreuses loges et la majorité du Conseil Fédéral, le Suprême Conseil accorde, par décret, ce droit de délivrance de patente à la Grande Loge de France.

Gustave Mesureur - M.A.B.

Gustave Mesureur, Grand Maître, donne lecture du décret en Tenue de Grande Loge et conclut :

« *À partir de ce jour, la Grande Loge et les loges placées sous sa juridiction cessent de travailler au nom et sous les auspices du Suprême Conseil du Rite Écossais Ancien et Accepté. Mais notre devoir est de maintenir l'unité de l'Écossisme, de resserrer les liens étroits qui nous unissent aux Ateliers Supérieurs comme au Suprême Conseil et d'assurer à tous nos Frères les avantages et les privilèges de l'Écossisme au regard de la maçonnerie universelle. Dans ce but, notre prochain Convent aura pour mission de jeter les bases d'un traité d'alliance et d'amitié fraternelle entre les deux puissances écossaises : le Suprême Conseil et la Grande Loge de France.* »

Le Grand Maître donne ensuite lecture de l'ordre du jour suivant : « *la Grande Loge de France, prenant acte du décret du Suprême Conseil, en date du 26 juillet 1904 et comme première manifestation de son indépendance et de son autonomie, déclare que l'Écossisme en France formant un groupe homogène et indestructible entend rester fraternellement unie au Suprême Conseil. Elle le secondera dans sa tâche réformatrice auprès des puissances maçonniques étrangères et compte sur une égale réciprocité pour assurer, par un effort commun, la prospérité du Rite Écossais* ».

Cet ordre du jour est voté à l'unanimité.

Le 7 novembre 1904, 10 ans jour pour jour après l'acte de naissance de la Grande Loge, la première communication du Grand Secrétaire au Conseil Fédéral concerne les remerciements adressés par le Suprême Conseil pour le dernier ordre du jour voté.

À la tenue de Grande Loge du 18 décembre, le Frère Fiolet, secrétaire général de la Grande Loge de France, reprend et développe sa communication au Conseil Fédéral : « *ce résultat*, dit-il, *nous la devons au tact et à la haute autorité de notre Frère Mesureur comme au caractère et à l'esprit maçonnique de notre Frère Raymond, Très Puissant Souverain Grand Commandeur du Suprême Conseil.* »

Jean-Marie RAYMOND
Souverain Grand Commandeur
1899-1914

Il est évident que les personnalités qui interviennent dans les évènements participent à leur déroulement, les orientent, les amplifient, les transmettent à leur façon, hier comme aujourd'hui, en 1894, en 1904, en 1914 comme en 2004, parce que le Rite Écossais Ancien et Accepté est vivant et que son histoire est forgée par des hommes vivants, avec leurs lassitudes et leurs espoirs, avec leurs peines et leurs joies mais avec leur foi en l'homme et le respect de la méthode maçonnique.

Le Frère Fiolet,
Grand Secrétaire

Le Frère Fiolet mérite aussi que l'on reconnaisse le rôle important qu'il a joué dans les premières années de la vie de la Grande Loge de France. C'est lui qui assainit les rapports entre la Grande Loge et le Suprême Conseil, c'est lui qui négocie, en tant que Grand Secrétaire, la reconnaissance du Grand Orient (qui continuait de passer par l'intermédiaire du Suprême Conseil) et met en place un échange de garants d'amitié entre les deux obédiences. Dans son discours de convent du 22 septembre 1910 il souligne que « *les relations de la Grande Loge de France avec le Suprême Conseil sont toujours empreintes de la plus fraternelle affection et se resserrent chaque jour d'avantage... de même les relations avec le Grand Orient de France sont guidées par l'esprit le plus fraternel et aucun incident n'est venu cette année troubler les bons rapports existant entre les deux obédiences françaises.* »

C'est lui aussi qui, après un long débat, obtient qu'une société anonyme soit constituée pour permettre à la Grande Loge de France d'acquérir les locaux de la rue Puteaux. La SIP, société immobilière de la rue Puteaux, passera les péripéties de l'histoire et vivra jusqu'en 1999, date à laquelle le patrimoine immobilier de la Grande Loge est intégré dans son actif.

Le 18 septembre 1912, le convent de la Grande Loge de France a lieu pour la première fois rue Puteaux. Dans son rapport de Grand Secrétaire Général le Frère Fiolet s'en réjouit : « *aujourd'hui, le Rite Écossais tout entier, Grande Loge et Suprême Conseil, possède son hôtel. Il n'est à la merci de personne et il peut, en toute sécurité, suivre le cours de ses destinées, tendre ses regards vers l'avenir qui s'ouvre devant lui.* »

À la fête de l'Ordre Écossais, le 8 décembre 1912, dans les salons de l'Hôtel Continental, le Frère Platel, nouveau Grand Secrétaire, rend compte de l'activité du Conseil Fédéral, qui « *respectueux de l'autonomie des loges, la base de notre organisation, désire cependant posséder les documents précis qui lui sont nécessaires pour porter utilement son attention, ses efforts là où ils sont le plus nécessaires dans l'intérêt commun* » Il commente ensuite les relations avec le Suprême Conseil : « *nos relations avec le Suprême Conseil de France sont toujours aussi cordiales, elles resteront empreintes du même caractère de mutuelle affection, de fraternelle déférence qu'elles ont eu dans le passé. Et cela aussi contribuera heureusement à l'expansion, au beau renom de l'Écossisme* ».

Ajustements mutuels

Progressivement les tensions s'estompent. Le Suprême Conseil et la Grande Loge de France prennent conscience, avec le temps, de leurs rôles respectifs et peaufinent la structuration d'un système où les deux instances ont une place indispensable et indépendante mais où elles sont intimement unies dans un Rite Écossais Ancien et Accepté cohérent.

Les mises au point, les ajustements mutuels sont fréquents. Ainsi, en 1905, un décret du Suprême Conseil (du 28 février) fixe-t-il les délais entre chacun des degrés : six mois du 3e au 4e degré, un an du 4e au 14e, six mois du 14e au 18e. Une disposition transitoire ajoute que « *les maîtres ayant 2 années de maîtrise au 30 juin 1905 pourront être proposés directement pour le 18e degré et admis, s'il y a lieu, à l'entrée du S∴ Ch∴, par eux désigné, sans entrer au préalable dans un atelier de perfection* ». Cette dérogation au présent décret prendra fin le 31 décembre 1905. À partir de cette date, l'entrée dans les loges de Perfection deviendra obligatoire « *pour tous les maîtres aspirant aux hauts grades de l'Écossisme, dans tous les Orients où il existera des Ateliers du 4e au 14e… dans les Orients où il n'existe pas d'Atelier de Perfection, les maîtres devront avoir deux ans de grade de maître pour pouvoir être présenté au 18e degré…* ».

Cette accession directe au 18e degré n'est pas sans rappeler l'organisation des Loges Chapitrales du début du XIXe siècle et explique l'inscription simultanée sur le « matricule général du Rit », de la loge et du chapitre du même nom. En 1822, par exemple, la loge *La Rose du Parfait Silence* porte le n° 14 et le chapitre *La Rose du Parfait Silence*, travaillant au 18e degré, le n° 15 ; la loge *Les Rigides Écossais* le n° 22 et le chapitre le n° 23, en 1826.

Les relations avec les puissances étrangères

Les relations Suprême Conseil – Grande Loge sont également tributaires des relations avec les puissances maçonniques étrangères et favoriseront, elles aussi la consolidation d'une « entité » R.E.A.A. composée des deux éléments. En effet, lorsqu'en 1899 le Conseil fédéral notifie aux puissances étrangères et françaises sa qualité d'obédience autonome, seules les Grandes Loges d'Italie et de Roumanie répondent favorablement. Le Suprême Conseil, lui, entretient des relations avec plus de vingt Suprêmes Conseils étrangers.

À la fête de l'Ordre du 27 décembre 1907, Gustave Mesureur déclare dans son discours « *c'est parce que le Suprême Conseil, par le pacte qui l'unit à tous les Suprêmes Conseils fédérés représente pour nous le principe de l'universalité maçonnique que nous lui sommes si fidèlement attachés. Il a reconnu notre indépendance et notre droit primordial à conduire et à administrer nos affaires nous-même, il a compris que notre liberté ne pouvait à aucun moment déchirer les liens qui nous attachent à l'Écossisme et qu'elle nous porterait, au contraire, à plus de reconnaissance, à plus d'affection pour lui* ».

En 1908, une conférence internationale des Suprêmes Conseils se tient à Bruxelles sous la présidence de Goblet d'Alviella, Grand Commandeur du Suprême Conseil de Belgique. Elle réunit 26 Suprêmes Conseils dont les Suprêmes Conseils de la Juridiction Nord et de la Juridiction Sud des États-Unis mais aussi les Suprêmes Conseils d'Irlande, qui reçu patente du Suprême Conseil de France en 1824, d'Écosse (1845) et « d'Angleterre et Pays de Galles » (1845) à la tête duquel le duc de Dartrey est Grand Commandeur et Sa Majesté Edouard VII roi d'Angleterre « Grand Patron » [sic].

Après 1904 les obédiences étrangères sont de plus en plus nombreuses à reconnaître la Grande Loge de France. Cette augmentation est-elle due à l'influence du Suprême Conseil de France à l'étranger ou au contraire à l'indépendance de plus en plus réelle, donc de plus en plus visible, de la Grande Loge de France ? Le nombre de relations officielles avec des puissances étrangères passe de 2, en 1899, a 12 en 1905.

En 1910, le Frère Fiolet, dans son rapport, annonce que la Grande Loge de France entretient des relations officielles avec 26 puissances maçonniques étrangères : 8 Grandes Loges allemandes dont la Grande Loge *Au Soleil* de Bayreuth et la Grande Loge *Aux Trois Globes* de Berlin, les Grandes Loges (ou Grands Orients) de Belgique, de Catalogne, de Grèce, des Pays Bas, de Hongrie, d'Italie, du Grand-duché du Luxembourg, de Norvège, du Portugal, de Roumanie, de Suisse (*Alpina*), du Chili, d'Égypte, du Guatemala, de Chihuahua et de Tampico au Mexique, d'Argentine… mais aucune obédience ni des îles britanniques ni des États-Unis.

Les relations avec les obédiences françaises

Les rapports entre le Suprême Conseil et La Grande Loge de France déterminent également les relations avec les obédiences françaises.

Le Droit Humain est très rarement cité, tout comme la Grande Loge Symbolique Écossaise que l'on a coutume d'appeler Grande Loge Symbolique Écossaise n° 2, composée des loges qui n'ont pas rejoint les loges bleues du Suprême Conseil en 1897. Le premier en est à ses balbutiements, la deuxième s'éteindra en 1911.

Comme sur d'autres points nous pouvons voir à cette époque l'esquisse des situations maçonniques que l'on vit aujourd'hui. Ainsi, les relations avec le Grand Orient de France seront, au gré des évènements et des personnages qui y participent, plus ou moins étroites, plus ou moins chaleureuses.

En mars 1896, à la suite de l'initiation, à la loge *Alsace Lorraine* du Grand Orient, du profane le général Jung qui avait été refusé à l'unanimité à la loge de la Grande Loge de France de Dunkerque, une proposition est présentée « *en vue de prendre des mesures immédiates pour faire reconnaître le Conseil Fédéral comme puissance maçonnique par le Grand Orient de France*».

Le 20 juin 1896, en Tenue de Grande Loge, « *le Suprême Conseil, considérant qu'il n'a pas encore reçu du Grand Orient de France de réponse officielle à la demande qu'il lui avait adressée au sujet de la reconnaissance de la Grande Loge de France comme puissance maçonnique... déclare qu'il va renouveler la démarche et dans le cas où sa demande ne serait pas accueillie, qu'il entend ne pas se séparer de la Grande Loge de France, s'inspirant toujours de l'intérêt supérieur du Rite Écossais* »[18].

Pendant cette même Tenue de Grande Loge, à cause du passage au Grand Orient de la Loge de Marseille *Les Vrais Frères Unis Inséparables* sous le titre distinctif *Les Vrais Frères Unis Régénérés* sans remplir les formalités prescrites par les règlements des différentes institutions concernées, une discussion animée opposent les Frères partisans de la rupture avec le Grand Orient et ceux favorables à la conciliation.

En septembre 1897, lors de son convent, le Grand Orient prend la décision de ne pas reconnaître la Grande Loge de France qui, à ses yeux, ne jouit ni de l'autonomie ni de la souveraineté dont elle se dit investie. Le Suprême Conseil reste l'interlocuteur intermédiaire.

C'est toujours le cas en 1901 : « *Les relations du Suprême Conseil avec le Grand Orient de France continuent d'être empreintes d'un caractère de Grande cordialité... Le Suprême Conseil se trouve du reste, l'intermédiaire habituellement choisi pour certaines relations d'un caractère plus particulièrement administratif entre le Grand Orient et la Grande Loge de France...*

Il aurait préféré à tous égards qu'il s'établit entre le Grand Orient et la Grande Loge de France des relations directes rendant la correspondance plus facile… Par ses garants d'amitié, le Suprême Conseil y a travaillé tant qu'il a pu, faisant valoir surtout l'argument tiré de la complète autonomie administrative dont jouit la Grande Loge de France, il n'y a pas encore parvenu. »

Le Conseil Fédéral de la Grande Loge de France du 20 décembre 1902 décide de répondre directement au Grand Orient aux questions concernant l'initiation du profane Becker par la Respectable Loge *Le Libre Examen*, adressée au Suprême Conseil.

Il faut attendre le 19 décembre 1904 pour que le Grand Secrétaire Général, le Frère Fiolet, puisse annoncer que « *le Grand Orient de France lui a communiqué directement son mot de semestre pour le 1er semestre 1905. C'est le premier pas dans l'échange direct de correspondance entre les deux obédiences* ». Le 6 février 1905 le Conseil de l'ordre du Grand Orient accueille favorablement la demande d'échange de garants d'amitié entre les deux obédiences françaises.

Le 29 décembre 1907, le Grand Orient « boude » la fête de l'Ordre Écossais. Gustave Mesureur commente l'évènement :

« *Nous sommes entre nous ce soir, nous pouvons nous parler à cœur ouvert et si nos amis nous abandonnent, nous ne répondrons pas à cet abandon en disant que les Maçons Écossais pourraient s'écrier à leur tour : « enfin seuls ! » Non, car si nos invités ne nous ont pas fait l'honneur de venir aujourd'hui, ils reviendront… rappelons-nous que c'est la main dans la main qu'en France les Maçons du GO et du Rite Écossais ont su faire la séparation des Églises et de l'État, il ne faudrait pas que nous gardions l'habitude des séparations et que nous fassions maintenant la séparation de nos Obédiences…* »

G. Mesureur - Coll. Pierre Rosenwald

Un projet de convention entre le Grand Orient et la Grande Loge de France est envoyé aux loges le 7 décembre 1908. À la fête de l'Ordre Écossais du 29 décembre 1909, le Frère Francfort, Grand Orateur, remarque la présence « *d'au moins deux de nos FF. des LL. du G. O. Ce n'est pas beaucoup, mais nous sommes heureux de saluer en leur personne tous nos FF de la rue Cadet en formant des vœux pour que les relations des deux obédiences deviennent de plus en plus cordiales* ».

LeFrèreBouley, président du Conseil de l'Ordre du Grand Orient de France est présent à la fête de l'Ordre Écossais du 19 décembre 1910 et, lors du banquet d'ordre porte un toast au Grand Commandeur, garant d'amitié auprès du G.O., à la G.L. et à la Maçonnerie toute entière.

Dans son toast du banquet de la fête de l'Ordre du 8 décembre 1912 le Frère Guinaudeau, Grand Orateur du Suprême Conseil regrette « *de constater que le GODF n'est pas représenté, du moins officiellement* »

En 1914, c'est toujours sur la demande du Suprême Conseil que les garants d'amitié de la Grande Loge de France et du Grand Orient de France se sont réunis. Mais ils ne se sont réunis qu'une fois et le Frère Platel, Grand Secrétaire Général de la Grande Loge, dans son discours de la fête de l'Ordre Ecossais souhaite « *que ce fait se renouvelle plus souvent à l'avenir, dans l'intérêt même de nos deux obédiences.* »

Le Grand Architecte de l'Univers

Au sein du Rite Écossais Ancien et Accepté, le Grand Architecte a toujours été l'une de ses composantes initiatiques les plus importantes et les plus controversées : en 1868, le Suprême Conseil radie trois loges qui ne voulaient plus travailler à la Gloire du Grand Architecte de l'Univers : *L'Alliance Fraternelle* n° 174, *Saint Vincent de Paul* (qui deviendra *Le Héros de l'Humanité*) n° 147 et *La Ruche Écossaise* n° 136. En 1869, un décret du Suprême Conseil gomme le G.A.D.L.U. En 1873, un autre décret du Suprême Conseil rétablit la mention obligatoire A.L.G.A.D.L.U. sur tous les courriers maçonniques. En septembre 1875, le Convent de Lausanne réunit 11 Suprêmes Conseils qui réaffirment le Grand Architecte de l'Univers comme symbole fondamental du Rite Écossais, tantôt « force supérieure », tantôt « principe créateur. »

En 1877 les Suprêmes Conseils d'Angleterre et d'Écosse modifient la déclaration de principe du Convent de Lausanne pour affirmer une croyance en un Dieu Créateur. C'est la même année que le pasteur Desmons fait régulariser, au Convent du Grand Orient de France de 1877, une pratique largement répandue dans l'obédience en supprimant officiellement toute mention au Grand Architecte.

Archives d
1
N°

A... L.·. G.·. D.·. G.·. A.·. D.·. L'U.·. N° 12.

RITE ÉCOSSAIS ANCIEN ACCEPTÉ

ORDO AB CHAO

Sup.·. Cons.·. pour la France et ses dépendances

LIBERTÉ — ÉGALITÉ — FRATERNITÉ

En tête des pl.·. Maçonniques (Décret du 2 décembre 1873).

Extrait du Procès-verbal du Suprême Conseil de France dans sa séance du 2 décembre 1873.

LE SUPRÊME CONSEIL,

Vu l'Article premier des Règlem.·. Génér.·. du Rite;

Considérant que comme témoignage de la communauté des sentiments qui unissent tous les Maç.·., il convient d'affirmer la devise Maçonnique: LIBERTÉ, ÉGALITÉ, FRATERNITÉ;

Considérant, en outre, qu'il est de l'intérêt du Rite de ramener l'intitulé des pl.·. Maçon.·. à une formule uniforme,

DÉCRÈTE :

ARTICLE PREMIER. Toutes les pl.·. Maç.·. devront, à partir de la date du présent décret, porter l'en-tête suivant :

A.·. L.·. G.·. D.·. G.·. A.·. D.·. L'U.·.,

Au nom et sous les auspices du Suprême Conseil pour la France et ses dépendances.

(Le nom de l'Atel.·. et son Numéro.)

LIBERTÉ, ÉGALITÉ, FRATERNITÉ.

ART. 2. Le Gr.·. Secrétaire, Chancel.·. du Rite et le Chef du Secrétariat sont chargés, chacun en ce qui le concerne, de la notification et de l'exécution du présent décret.

Pour extrait conforme,
LE CHEF DU SECRÉTARIAT GÉNÉRAL DU RITE.

Paris. — A. QUANTIN et Cie, impr.·., 7, rue Saint-Benoît.

Décret de 1873 du Suprême Conseil de France sur la présentation des Planches

Dans la Constitution de la Grande Symbolique Écossaise votée le 27 août 1880, il n'est plus question du G.A.D.L.U. Et le Convent de Lausanne qui permet au Suprême Conseil de refuser la proposition du Grand Orient de créer une commission de fusion pour ne plus former en France qu'un « Grand Orient Symbolique et un Suprême Conseil distincts et indépendants l'un de l'autre. »

En Tenue de Grande Loge de 1902, il est décidé de faire imprimer deux modèles de diplôme de Maître, l'un avec la mention « A.L.G.D.G.A.D.L'U. », l'autre sans.

Il faut rappeler que c'est encore le Suprême Conseil qui délivre les diplômes de Maître, la Grande Loge de France ne le fera qu'après le décret du 26 juillet 1904, et qu'avant l'autonomie complète accordée à la Grand Loge à cette date, le Suprême Conseil était amené à faire de multiples concessions, le plus souvent sur de simples détails, afin de préserver le développement harmonieux du Rite Écossais Ancien et Accepté, c'est-à-dire permettre l'épanouissement des loges bleues dans la tradition du Rite.

Cet épanouissement nécessitant certaines adaptations sinon certaines innovations, il était essentiel de bien dégager les bornes fondamentales afin de ne pas les dépasser. Après 1904, le Grand Architecte de l'Univers retrouve sa place sur les diplômes et reste présent sur les patentes que la Grande Loge a désormais le droit de délivrer.

Cependant le Grand Architecte de l'Univers n'est pas très présent dans les textes « doctrinaux » de l'époque. En 1906, la « déclaration de principe de l'ordre » pose deux points :

« *la F.M. a pour but de lutter contre l'ignorance sous toutes ses formes … sa doctrine est tout entière dans cette belle prescription : « aime ton prochain* ».

Point de Grand Architecte dans cette déclaration. On ne le voit apparaître, sauf erreur, entre 1904 et 1914, qu'une seule fois dans les Annuaires - comptes rendus du Suprême Conseil, en 1911, « *au-dessus de cette sage législation [pratiquer la loi de fraternité qui déterminera un équilibre constant et une harmonie parfaite dans la marche des rouages sociaux] le Triangle lumineux, symbole du Gr. Arch. de l'Un. qui représente l'Intelligence Universelle dans sa totalité, agissant sur la totalité des forces physiques et intellectuelles pour les guider vers la morale la plus pure. Ce triangle est destiné à rappeler à tous que la collectivité humaine n'est elle-même qu'une unité atomique dans une collectivité plus grande qui embrasse tous les êtres de l'Univers.* »

De 1894 à 1914, le Grand Architecte de l'Univers reste discret mais présent dans des rituels qui n'évolueront quasiment pas. Il est fréquent de retrouver dans les archives des loges de cette époque des rituels où dans la mention « délivré par le Suprême Conseil de France » les mots « Suprême Conseil de France » sont biffés et remplacée, à la main par « Grande Loge de France. »

La création de loges d'adoption

Parmi les innovations émanant des loges symboliques il en est une qui sera riche de conséquences : le 26 février 1900, le Frère Lang, de la loge n° 217 *Le Libre Examen*, demande au Conseil Fédéral une patente pour une loge d'adoption sans demander l'avis du Suprême Conseil, encore seul habilité à délivrer les patentes. *Le Libre Examen* pensait que le Suprême Conseil délivrait patente aux loges du REAA, masculines par définition, et non pas à des loges d'un rite d'adoption inspiré des pratiques maçonniques du XVIIIe siècle. La Loge n° 217 bis *Le Libre Examen Adoption* est constituée le 20 mars 1901.

De nombreuses discussions ont lieu. En janvier 1903, le Suprême Conseil rejette la demande d'accord présentée par le Conseil Fédéral, le 8 avril, la mise en sommeil de la loge est votée par la loge masculine ; or, la loge *Le Libre Examen* compte parmi ses membres Jean-Marie Raymond, Grand Commandeur du Suprême Conseil de France. Il y donne une conférence le 9 décembre 1903 sur les loges d'adoption.

Après avoir rappelé la définition de l'action maçonnique proposée par les grandes constitutions : « *lutter contre l'ignorance sous toutes ses formes, aimer son semblable, travailler sans relâche au bonheur de l'humanité et poursuivre son émancipation progressive et pacifique* », Jean-Marie Raymond souligne que les trois propositions contenues dans cette définition sous-entendent naturellement la participation de la femme. « *Pour ce qui est du programme des Loges d'adoption, programme dont les réflexions qui précèdent permettent d'apercevoir les grandes lignes, nous pensons qu'il devra être longuement médité par nos Sœurs autant que par nous-mêmes, afin de graduer comme il convient, d'en déterminer les points qui devront figurer en tête, puis ceux qui viendront à la suite pour n'être abordés que plus tard lorsque l'organisation de ces ateliers - les Loges d'adoption – sera parachevée.*

« *Nous avons souffert plus d'une fois en entendant faire la critique du Rituel des Loges d'adoption ; mais comme nous n'en avions qu'une connaissance insuffisante, nous avons dû l'étudier avec cet esprit de recherche que nous avions apporté à l'étude des Rituels de nos divers grades maçonniques écossais.*

« *Or de ce travail, il est résulté pour nous cette conviction : qu'il n'y avait rien de puéril dans ce Rituel, ainsi que nous l'avions entendu dire ; qu'au contraire, il a été admirablement conçu et que les symboles qu'il met en lumière sont tous d'une haute portée philosophique et humanitaire.* »

Puis le Grand Commandeur d'examiner certains symboles propres au Rituel des Loges d'adoption : l'utilisation du terme « climat », le signe du silence, l'histoire symbolique de l'Arche de Noé, de la Tour de Babel, la légende du corbeau et de la colombe.

En Tenue de Grande Loge du 5 novembre 1906, une discussion à lieu sur l'utilité de créer des loges d'adoption. Albert Lantoine estime que « *pour la femme, le projet n'entraîne pas une reconnaissance d'égalité mais au contraire une mise en tutelle, chose inadmissible. Il est persuadé que cet essai n'aboutira pas et il aurait mieux valu s'écarter de la tradition. Il veut bien cependant voter pour que l'expérience soit faite* ».

Malgré le pessimisme de Lantoine, l'expérience réussit, peut-être une fois de plus grâce à la capacité catalytique du Rite Écossais Ancien et Accepté.

Le 9 février 1907, le Conseil Fédéral émet un avis favorable à la demande de création par la loge n° 376 *La Nouvelle Jérusalem* d'une loge d'adoption n° 376 bis *La Nouvelle Jérusalem Adoption* au Climat de Paris. Forte de sa liberté constitutionnelle récente, la Grande Loge lui accorde patente le 4 mars 1907. Après avis favorable du Conseil Fédéral et de la Grande Loge de France, la loge n° 217 bis *Le Libre Examen Adoption* reprend ses travaux le 23 janvier 1912. Après la guerre 14-18, dix loges d'adoption naîtront à la Grande Loge de France. En 1945 se créée l'Union Maçonnique Féminine de France qui deviendra la Grande Loge Féminine en 1952.

En 1901, « *Le Rite Ec∴, en France, comprend* [actuellement] *104 ateliers de tout grade du 1er au 33e degré. Ce total se décompose ainsi : Conseil suprême des 33 : 1, Aréopages (30e degré) : 7, Chapitres du 18e degré : 21, Loges de Perfection du 4e au 16e : 2* [sic]… »

En outre, le Rite Écossais, en France compte, au commencement de cette année (1901) soixante-treize Ateliers du 1er au 3e degré : depuis six ans, ils ont reçu leur autonomie administrative et ils vivent sous l'autorité immédiate et complète de la Grande Loge de France avec un Conseil Fédéral comme pouvoir exécutif pour assurer la bonne marche des affaires. Ces loges bleues sont disséminées en divers Orients de la France continentale ou coloniale. Elles se distribuent ainsi : à Paris, 20 ; dans la banlieue de Paris, 10 ; dans les départements, 27 ; en Algérie, 5 ; dans les colonies françaises, 4 ; en Égypte, 3 ; aux Antilles danoises, 1 ; dans les îles Hawaï, 1 ; à St-Domingue, 2. Entre 1850 et 1900, le nombre des loges bleues du Rite Écossais Ancien et Accepté est passé de 66 à 73, il double entre 1900 et 1914 passant de 73 à 146.

Les « mises au point » continueront tout au long du XXe siècle : ce n'est qu'en juillet 1927 que sont abrogés certains paragraphes du décret du 7 novembre 1894, ce n'est qu'en 1964 que le matricule d'inscription des nouveaux ateliers cesse de recevoir les « ateliers supérieurs ».

En 1995, le Grand Commandeur du Suprême Conseil de France Paul Veysset et le Grand Maître de la Grande Loge de France Jean-Louis Mandinaud présentent conjointement un fascicule sur le Rite Écossais Ancien et Accepté destiné aux maîtres maçons de la Grande Loge de France.

« *Dans notre pays, la Grande Loge de France et le Suprême Conseil de France, obédience et juridiction maçonniques indépendantes et souveraines se partagent le gouvernement et l'administration du Rite Écossais Ancien et Accepté, dont le Suprême Conseil est le gardien et le conservateur.*

L'organisation du Rite, en France, ne porte pas atteinte à son unité car il est le lien naturel qui unit l'obédience et la Juridiction », déclare Paul Veysset.

« *Au fil du récit historique, s'affermissent et s'ordonnent les éléments de la constitution du Rite Écossais Ancien et Accepté, en France, dont le Suprême Conseil et la Grande Loge de France se partagent aujourd'hui le gouvernement.... Il est bon et heureux... de préciser aux Maîtres Maçons de la Grande Loge de France la possibilité qui leur était offerte de poursuivre leur progression initiatique à la Gloire du Grand Architecte de l'Univers, en accédant aux degrés supérieurs du Rite Écossais Ancien et Accepté, dans l'unité réaffirmée entre l'Obédience et la Juridiction et exprimée dans leurs devises réciproques : « Liberté – Égalité – Fraternité* », dit Jean-Louis Mandinaud.

Connaissance du Rite Écossais Ancien et Accepté

par Jean-Paul Minsier

L'Ordre Écossais est, dans son esprit et dans ses structures, un Ordre traditionnel, initiatique, spiritualiste et universaliste.

C'est un Ordre. Constitué sur la base de statuts (Règlements et Constitutions de Bordeaux de 1762 et Grandes Constitutions de 1786), il forme une institution structurée, régie par une autorité rectrice, un Suprême Conseil, chargé d'en assurer le fonctionnement, la préservation et la pérennisation dans les pays où il est implanté. Comme tout Ordre, il requiert, par serment, de la part de ses adeptes, l'observance de sa Constitution et de ses Règlements ainsi qu'une promesse de fidélité.

C'est un Ordre traditionnel. Résultant de la synthèse de systèmes écossais ayant puisé leur substance à diverses sources de la pensée occidentale (christianisme, judaïsme, hermétisme, gnosticisme alchimie, chevalerie, Rose-Croix, templarisme), il transmet d'initiants à initiables, et de génération en génération, les enseignements qu'il en a recueillis

C'est un Ordre traditionnel et initiatique. La Connaissance des enseignements traditionnels qu'il transmet symboliquement et rituellement par le Rite Écossais Ancien et Accepté a pour buts d'engager le récipiendaire dans les voies de la sagesse, de l'éveiller à sa nature profonde, de l'aider à se recentrer en conscience sur l'être universel dont il procède et à s'associer fraternellement à la communauté humaine avec laquelle il partage la même origine et une même destinée. Cet éveil initiatique implique un changement de perspective existentielle du Franc-maçon : se focaliser sur « l'ici et maintenant » du vécu intérieur, découvrir en soi et autour de soi l'unicité de la vie sous-tendant et transcendant toutes ses manifestations extérieures, pratiquer une discipline et une ascèse personnelles constantes le long des 33 degrés du Rite pour réaliser son perfectionnement intellectuel, moral et spirituel.

C'est un Ordre traditionnel, initiatique et spiritualiste. N'exigeant aucune « croyance », il ne privilégie ni ne rejette a priori aucune doctrine philosophique ou religieuse qu'il laisse à l'appréciation individuelle de ses membres.

Reconnaissant que nous sommes et resterons toujours ignorants des causes et finalités de l'univers, il postule néanmoins l'existence d'un principe universel, dénommé « Grand Architecte de l'Univers », auquel il attribue une volonté créatrice et ordonnatrice (*Ordo ab Chao*). Sans nier l'existence de la matière ni celle de ses propriétés intrinsèques, il accorde une place primordiale à l'esprit, souffle dispensateur de vie et de sens. Par le Rite Écossais Ancien et Accepté, il exprime symboliquement et non doctrinalement, la spiritualité universelle dont il est un vecteur, laissant chacun devenir l'agent de sa découverte et l'auteur de sa formulation, dans une totale liberté de conscience et pour son propre compte. Grâce à la méthode initiatique du Rite, la « révélation » de notre nature spirituelle s'accomplit par un dépouillement progressif de nos « métaux » intellectuels et psychologiques, libérant ainsi notre accès à la dimension sacrée de la vie, à la «Lumière » enracinée au cœur de l'Être.

C'est un Ordre traditionnel, initiatique, spiritualiste et universaliste. Par sa conception impartiale du principe universel qu'il dénomme « Grand Architecte de l'Univers », hors toute acception philosophique ou religieuse, le Rite Écossais Ancien et Accepté permet aux spiritualités de toutes traditions de se reconnaître sous une telle appellation. Se refusant à opposer arbitrairement foi et raison, transcendance et immanence, esprit et matière, éternité et temporalité, absolu et relativité, unité et dualité, il n'entre dans aucun système idéologique et n'en professe aucun, mais il préconise l'art, cher aux anciens, de vivre en harmonie avec l'univers et avec les hommes, plutôt que celui de se livrer aux errements de la dialectique ou aux vaines spéculations métaphysiques. De ce fait, il peut accueillir sous sa bannière des Hommes de tous horizons culturels, religieux ou philosophiques. Sa neutralité et sa tolérance signent sa nature et son ouverture universalistes.

Modernité des enseignements traditionnels du Rite Écossais Ancien et Accepté

Bilan du XXe siècle

Dans son ouvrage intitulé *Éthique*, Albert Schweitzer établissait dès 1923 ce constat alarmiste :

« *Notre civilisation s'est développée beaucoup plus fortement dans le domaine matériel que dans le domaine spirituel et ce développement lui est devenu fatal. Son équilibre a été détruit (...) L'enthousiasme provoqué par ces progrès nous a conduit vers une conception erronée de la civilisation. Nous surestimons les acquisitions matérielles et nous sous-estimons l'importance du spirituel. À présent les faits sont là pour nous rappeler à la réflexion. Avec une brutalité inouïe, ils nous apprennent que la civilisation, qui finalement a progressé exclusivement dans le domaine matériel, ressemble à un navire qui, par suite d'une avarie de gouvernail, perd sa faculté de se diriger et va vers la catastrophe* ».

Et Schweitzer de préciser, dans *Ma Vie et ma Pensée* (1931) :

« *Malgré toute l'importance qu'il faut attacher aux conquêtes de la science et de la technique, il est pourtant évident que seule une humanité tendant vers des fins éthiques est capable de profiter pleinement des bienfaits du progrès matériel et de maîtriser le danger qu'il couve. La génération qui s'est abandonnée à la croyance en un progrès immanent, qui se réalise pour ainsi dire de lui-même et qui pensait pouvoir se passer de l'idéal éthique et progresser par la science et la technique seules, s'est vue administrer par la situation dans laquelle elle s'est trouvée ensuite, la preuve terrible de l'erreur dans laquelle elle était tombée* ».

Chacun d'entre nous peut confirmer le sinistre bilan du siècle écoulé : guerres, génocides, famine, surpopulation, chômage, épuisement des ressources naturelles, pollution de l'environnement, modifications climatiques, maladies nouvelles, esclavagisme déguisé, etc. Les progrès scientifiques qui devaient maîtriser la nature et libérer l'homme des servitudes matérielles se retournent contre lui : dégradation du milieu de vie, rythmes de travail effrénés pour les uns, perte d'emploi pour les autres. Soumis à des besoins créés artificiellement, l'homme est devenu le jouet d'une machine économique qu'il ne maîtrise plus, qui obnubile sa pensée et ses actes, faisant de lui un aliéné qui s'ignore. Le bonheur promis par la société de consommation n'est pas au rendez-vous, mais règnent plutôt l'insatisfaction permanente, l'avidité, l'arrivisme, une impitoyable compétition.

L'échec des idéologies philosophiques, religieuses et politiques de ce XXe siècle, la remise en cause des certitudes de la science, font qu'une nouvelle manière de penser devient plus que jamais nécessaire pour permettre à l'humanité d'échapper à l'entropie qui la menace. Ainsi que le constate le sociologue et philosophe Edgar Morin (*Terre-Patrie*, Seuil, p 193) :

« *La réforme de la pensée est un problème anthropologique clé. Cela implique une révolution mentale copernicienne.*

Jamais dans l'humanité les responsabilités de la pensée ont été aussi écrasantes. Le cœur de la tragédie est aussi dans la pensée ».

De façon prémonitoire, avec un souci éthique en plus, Albert Schweitzer fit une analyse similaire dès 1923 (*Déclin*, Anthologie Payot p 17) :

« *La reconstruction de notre époque doit commencer par la reconstruction de notre conception du monde. Il n'y a pas de tâche plus urgente que celle-ci qui, en apparence, est si abstraite. Ce sera seulement quand nous serons tous de nouveau à l'aise dans une théorie de la civilisation et quand nous pourrons lui emprunter l'idéal de notre vie et de notre action que naîtra une société possédant un idéal à vastes buts, capable de prendre la réalité à bras-le-corps et de la transformer. Il nous faut reconstruire l'Histoire en partant de nouvelles idées* ».

Les enseignements traditionnels que le monde profane redécouvre actuellement, et ceux recueillis jadis par notre R.E.A.A., permettront-ils de réorienter la pensée contemporaine et d'amorcer la régénération de notre civilisation à la dérive ? Peut-être, mais à la condition de les déceler, d'y avoir recours sans tarder et, pour notre Ordre, de les expérimenter concrètement en son sein pour qu'ils puissent devenir le sel et le levain d'un renouveau, d'abord de lui-même, de la société ensuite, par l'exemplarité qu'il pourrait offrir à ses Frères en Humanité.

Recours aux enseignements traditionnels

Ce n'est pas sans surprise que nous voyons la science contemporaine introduire de nouveaux paradigmes, représentations et modèles inédits, pour expliquer et comprendre autrement la réalité. Désormais, elle nous engage à adopter une vision holistique (globale) du monde (du grec *holos*, signifiant « tout »), réactualisant ainsi les messages des anciennes Traditions pour qui « Tout est dans Tout » et « Le haut est comme ce qui est en bas » (Hermétisme). Admettant que notre Univers est une unité complexe dynamisée par des contraires nécessaires, elle concède à présent que toute théorie le concernant ne pourra qu'être une représentation globale, ouverte et provisoire, rejoignant en cela les intuitions des sagesses de l'Orient et de l'Occident pour qui la création est permanente et son essence un mystère pour l'homme considéré comme son résumé vivant, comme un « microcosme » ou un *microtheos*.

La science, jadis strictement positiviste, confinée au seul plan objectif de la réalité matérielle, accepte à présent d'élargir le champ de ses investigations vers des territoires autrefois déniés : la conscience, le mental, l'émotionnel et même le spirituel ou le lumineux. Le symbolisme et les enseignements traditionnels, qu'elle redécouvre et étudie, deviennent pour elle des moyens privilégiés pour évoquer les niveaux supérieurs de l'Homme, pour formuler des concepts novateurs sur la réalité, pour éveiller l'imagination et susciter des intuitions fécondes, le langage analytique et descriptif ne restant adapté qu'au monde des phénomènes. Il n'est pas rare de constater aujourd'hui que les nouveaux chercheurs scientifiques deviennent aussi des cheminant spirituels.

Recours aux enseignements du R.E.A.A.

La Franc-maçonnerie s'est toujours efforcée d'apporter des réponses aux difficultés de l'époque qu'elle traversait. Elle le pouvait grâce à son héritage humaniste, à la noblesse de ses idéaux, aux vertus de sa méthode symbolique et initiatique, à la solidité de sa Tradition. Mais les défis qui se posent à elle aujourd'hui sont à la mesure de la mutation radicale qui affecte notre civilisation. Pourra-t-elle et saura-t-elle, cette fois encore, y répondre ? Impliquée elle-même dans la crise mondiale qui déstabilise toutes les structures sociales, économiques, politiques, religieuses autant que les individus et n'épargne aucune couche de la société, réussira-t-elle à prendre suffisamment de recul (ou de hauteur) pour bien mesurer l'ampleur du phénomène, l'analyser avec pertinence, éveiller en son sein des consciences morales et éthiques et former des hommes avertis capables de suggérer des solutions valides ? Certes, notre Ordre Écossais pourrait avoir un message particulier et crédible à apporter au monde profane mais à la condition toutefois de réveiller d'abord ses potentialités, de vivifier son capital traditionnel et de les rendre efficients pour ses propres membres en priorité. Lorsque ceux-ci seront devenus effectivement des êtres spiritualisés, ils pourront alors servir d'exemples à leurs contemporains en quête de sens et d'avenir. Mais avant cela, il leur faudra passer de la théorie à la pratique initiatique, basculer du profane au sacré, de l'avoir à l'être, de la dualité à l'unité, de l'intérêt égocentré à l'amour oblatif, vaste programme qui ne se réalisera pas sans une forte prise de conscience et une volonté persévérante pour le concrétiser.

Pour conclure

Après avoir, durant deux siècles, donné la priorité au monde objectif, à la science positive, à la technique et à l'existence matérielle, la civilisation occidentale redécouvre l'importance de la vie intérieure et spirituelle. Elle concède désormais que la survie de l'humanité dépend de la présence ou de l'absence d'idéaux éthiques inspirant et motivant les hommes, animant leur besoin d'agir, nourrissant leurs espoirs existentiels. Albert Schweitzer en avait déjà fait le constat voici soixante-dix ans (*Religion in Modern Civilisation* - Chicago - 1934) :

« *Une vérité reste inébranlable : tout ce qui se passe dans l'Histoire est basé sur le spirituel. Si le spirituel est fort, il crée l'Histoire, s'il est faible, il la subit. Notre pensée deviendra-t-elle de nouveau éthique et religieuse ? Regagnerons-nous un idéal qui s'imposera à la réalité ? Voilà la question qui s'ouvre devant nous aujourd'hui* ».

Cette question de l'éthique et du spirituel a toujours été la préoccupation majeure de l'Ordre Écossais. Malgré les vents de l'histoire, il a su défendre cette spécificité contre les censeurs de tous bords, l'intolérance religieuse, les leurres des idéologies philosophiques et politiques, le matérialisme dominant mais aussi contre certains de ses membres qui espéraient changer la société tout en faisant l'économie de leur propre transformation ; or, sans conversion de la mentalité et du cœur de l'Homme aucune société ne peut évoluer en profondeur.

En parodiant André Malraux, nous pouvons affirmer que « La Franc-maçonnerie du XXIe siècle sera initiatique ou ne sera pas ». Initiatique, c'est-à-dire capable de conduire ses adeptes vers une prise de conscience de leur nature profonde, de les éveiller à leur réalité spirituelle et de générer des « sages ». René Guenon, dans *Aperçu sur l'Initiation*, nous en précise le moyen et la finalité :

« *Le centre de la conscience doit être transféré du cerveau au cœur, cette conversion permettant à l'homme de passer des limites de son être personnel à l'Identité Suprême.* »

Force et pertinence de notre pratique du Rite Écossais Ancien et Accepté

par Jean Erceau et Edouard Majewski

Face à tous les « enjeux planétaires » qui concernent à des degrés divers et sous des formes diverses l'avenir de l'humanité et lui font prendre des risques, qui d'entre nous, quel Franc-maçon Écossais, ne s'est pas un jour posé la question de savoir ce que sera notre Franc-maçonnerie dans le flou et l'aléatoire des perspectives que nous prédisent, avec tout le déterminisme de leurs certitudes, les spécialistes de l'économie et du commerce mondial ou de la géopolitique humanitaire et alimentaire ?

Introduction

Au sein de 6 milliards de terriens, nous Francs-maçons, ne pouvons que nous compter avec humilité, certes, mais nous avons le devoir de lutter contre ceux qui ignorent délibérément ce que notre Ordre peut apporter à l'homme et à l'humanité.

La Franc-maçonnerie en France, comme dans le monde, s'est développée depuis presque trois siècles dans une diversité dont les courants multiples ont fait qu'elle est actuellement plurielle tant pour ce qui est des rites que des institutions qui les pratiquent.

Le Rite Écossais Ancien et Accepté est actuellement le rite le plus pratiqué au monde. C'est surtout, pour nous, le rite pratiqué par toutes les loges de la Grande Loge de France, à quelques exceptions dues aux vicissitudes de l'histoire[1].

Si nous célébrons, en cette année 2004, le deuxième centenaire de sa pratique, c'est parce qu'il s'est développé, sous le contrôle et la protection du Suprême Conseil de France qui est et reste, depuis sa création en 1804, le légitime gardien et conservateur de ce rite, du 1er au 33e degré. La Grande Loge de France a, depuis 1894, pour mission d'administrer les trois premiers degrés du rite et, ensemble, nos deux institutions ont le devoir de garantir, chacune pour ce qui la concerne et dans le respect mutuel de leur souveraineté, la meilleure qualité de la pratique individuelle et collective du rite, à tous ceux qui travaillent dans les loges de notre Grande Loge et dans les ateliers de la Juridiction du Suprême Conseil.

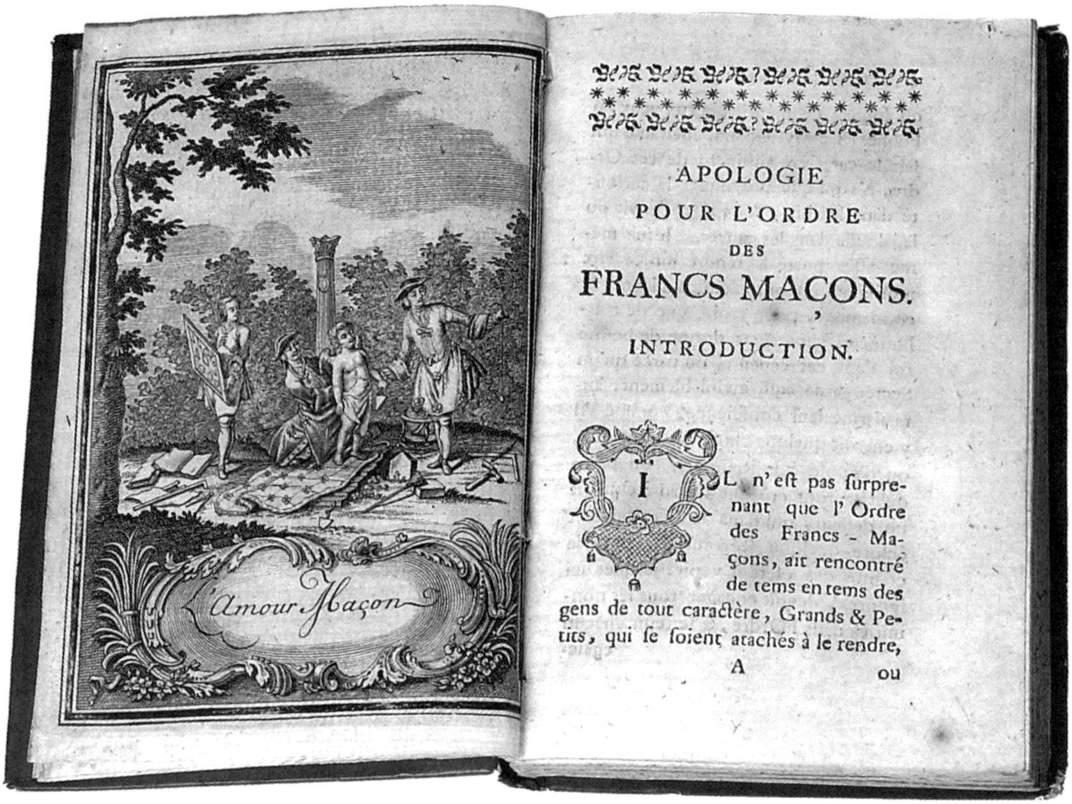

Livre apologétique - XVIIIe siècle - M.A.B. de la GLDF

C'est pour témoigner de la force de cette mission partenariale qui assure l'unité et la pérennité du Rite, qu'ensemble, la Grande Loge de France et le Suprême Conseil de France célèbrent tout au long de cette année 2004, à la fois le deuxième centenaire du Suprême Conseil de France et celui de la pratique du Rite Écossais Ancien et Accepté dans notre pays.

De l'actualité

Dans la cybersociété qui nous est promise, où on nous prédit que la virtualité le disputera à la réalité, pour chacun d'entre nous, et qui plus est pour l'Apprenti qui devient Franc-maçon Écossais, les questions fondamentales qui prennent de l'acuité sont doubles: pourquoi et comment être dans le Rite, le pratiquer, le vivre, l'exploiter, le transmettre, le pérenniser?

Pourquoi? Parce que la Franc-maçonnerie a, depuis ses origines, toujours eu vocation à offrir à ses membres et hors du monde profane, des espaces-temps privilégiés ouverts et fermés par des rituels. Ces espaces-temps sont des espaces-temps de liberté : liberté de pensée, liberté d'expression, liberté de conscience, liberté d'être, liberté d'agir et même liberté de passer… Et, comme l'homme du XVIIIe, celui du XXIe siècle aura besoin de ces espaces-temps de liberté pour réfléchir, méditer, travailler sur lui-même à son propre perfectionnement et, dans une recherche de plus de vérité et de plus de connaissance, élaborer toutes les stratégies pouvant conduire à quelque mieux dans ses comportements en loge et hors de la loge, visant ainsi à contribuer humblement à l'amélioration de l'humanité. Ne serait-ce que pour cela, le Franc-maçon Écossais doit tout faire, jusqu'à donner son sang suivant l'exigence de ses serments, non seulement pour protéger ces espaces-temps mais aussi pour protéger ce qui permet de les créer, de les animer, de leur donner toute leur efficacité initiatique et de les pérenniser : le Rite ! Notre Rite Écossais Ancien et Accepté.

Cette vocation a franchi les siècles et survécu à de nombreuses attaques, parce qu'elle est une nécessité et répond à un besoin intime et permanent de l'homme qui, dans les temps actuels, ne cesse de s'amplifier. Par cette vocation, le Rite Écossais Ancien et Accepté offre à chacun d'entre nous ces espaces de liberté qui nous permettent, dans le respect de la liberté de conscience de chacun, de maintenir haut les Lumières de l'Esprit afin d'avancer dans les voies de progrès qui enrichissent et pérennisent à la fois l'individu et le collectif, l'homme et l'humanité.

Il est dit dans le monde profane que l'espace-temps est à quatre dimensions. Les sciences et les technologies y trouvent leur compte : elles s'y développent très bien. Dans notre Rite, les espaces-temps sont symboliques et sacrés. Ils sont créés par des rituels qui démultiplient ces dimensions par l'utilisation et l'interprétation des symboles et des mythes.

La science a un double objectif : comprendre le réel et agir sur lui. Pour poursuivre ce double but la science s'est donnée comme tâche principale de réduire l'arbitraire dans la description de l'univers, du monde, de la nature en les modélisant par des systèmes formels. La science postule une origine et une fin. Elle offre à l'homme un segment temporel dont elle cherche encore à préciser l'origine (un *big-bang* ou autre chose) et une fin : au plus tard l'instant où le soleil absorbera la terre… La science est expérimentale. Elle exclut du champ d'expérience l'homme. Elle exclut le scientifique de son champ d'investigation.

Celui-ci doit se contenter d'un statut d'observateur. L'homme étant dans la nature et de la nature, il ne faut donc pas s'étonner que tous les produits de la science et des technologies ne s'intègrent pas dans cette nature, dans le cycle de vie de la nature et ne soient pas recyclables par la nature elle-même.

De la force

Si la science, qui est expérimentale, exclut l'homme de son champ d'investigation, *a contrario* et parce qu'il est initiatique, notre Rite place l'homme au centre de son champ d'investigation. Alors que la science lui attribuait un statut d'observateur dans lequel elle le confine toujours, malgré les théories les plus récentes, notre Rite lui donne un statut d'acteur dans le développement des phénomènes et des événements le concernant. Alors que la science est expérimentale, notre Rite est expérientiel.

La science fait travailler l'homme suivant une méthode scientifique, notre Rite fait travailler l'homme suivant une méthode initiatique. Ces méthodes sont différentes dans leurs principes et leurs fondamentaux et ne peuvent même être comparées car il n'y a entre elles ni analogie ni correspondance.

Nos expériences des mondes initiatique et profane nous prouvent néanmoins (et heureusement!) qu'il y a pour l'homme complémentarité de ces deux méthodes. Si la science apporte à l'homme des vérités, le Rite Écossais Ancien et Accepté place l'homme en recherche d'une Vérité.

Si le Sacré semble s'évanouir dans un monde de plus en plus matérialiste, le Rite Écossais Ancien et Accepté persiste dans son offre d'une méthode de travail qui l'implique dans une démarche initiatique de perfectionnement personnel et dans une quête de vérité qui ouvre progressivement la voie de la spiritualité et s'effectue à la Gloire du Grand Architecte de l'Univers. La réponse au *comment* est donc donnée par le Rite lui-même: travail, obéissance, c'est-à-dire, implication dans le travail de perfectionnement de soi, respect et obéissance à toutes les règles de la méthode proposée.

Ainsi, l'homme qui se sent perdre les repères essentiels de sa condition humaine et qui sent son cadre de vie se fragiliser, trouve-t-il dans ce travail et dans le respect scrupuleux de cette méthode, non seulement la possibilité de faire coexister sa composante spirituelle, intuitive et émotionnelle et sa composante matérielle, sensitive et rationnelle, mais de faire qu'elles interagissent et coopèrent dans le sens d'un perfectionnement et d'une élévation de la personne. Cette coexistence, ces interactions, cette coopération, témoignent de l'action du processus initiatique qui, suivant les spécificités du Rite, lui permet de se construire, homme de connaissance et d'amour, sûr de lui et de ses Frères, seul et responsable mais néanmoins conscient d'agir au sein d'une fraternité au bénéfice de l'humanité.

Des spécificités

Est spécifique ce qui caractérise une chose et lui est propre. L'histoire de l'Écossisme rattache le Rite à plusieurs traditions. Les documents anciens comme le *Regius* de 1390, le Manuscrit de Cooke de 1425, le Registre d'Edimbourg de 1696 et de nombreux autres, font référence à la tradition de métier des constructeurs, à ses règles et à sa déontologie.

Les premières loges maçonniques ont été introduites en France probablement dès la fin du XVIIe siècle. Le troisième grade, celui de Maître Maçon, est attesté dès 1711 et la dimension spirituelle de la pratique maçonnique apparaît dans les rituels vers 1730 avec la légende d'Hiram. La première Franc-maçonnerie française, venue d'Écosse, va rapidement s'épanouir dans une spécificité qui prendra logiquement le nom d'Écossisme. Cette spécificité développera ensuite sa richesse initiatique dans de nombreux Hauts Grades qui naissent en France vers 1740 mais sont ignorés en Écosse à la même époque. En 1744, Étienne Morin fonde à Bordeaux la Respectable Loge des « Élus Parfaits » première des Mères Loges Écossaises. Les degrés de Perfection pratiqués dans cette loge sont organisés pour compléter la Maîtrise en développant et en explicitant les enseignements de la légende d'Hiram. Ces degrés seront enrichis par la greffe d'éléments des traditions kabbalistiques[2], hermétiques et surtout chevaleresques suivant l'inspiration des discours de Ramsay et plus tard, sous l'influence d'Étienne Morin.

Appelé Rite Écossais, car d'origine écossaise pour les trois premiers degrés mais d'inspiration essentiellement française pour les grades qui furent ajoutés aux trois premiers, il est pour la première fois codifié dans les Constitutions de 1762 puis de 1786. Il trouvera son organisation définitive en 1801 avec la création à Charleston du premier Suprême Conseil. Le convent universel de Lausanne en 1875 en adapte les principes.

Dans tous les textes de référence, dans toutes les déclarations de principe, les décisions et les conclusions prises aux cours des différentes réunions de Suprêmes Conseils, que ce soit à Paris en 1996, à Gand en 1998 ou à Athènes en 2001, l'unanimité s'est fait autour des mêmes résolutions qui réaffirment la spécificité du Rite et en font une véritable charte de l'initiation pour le XXIe siècle.

Ces Suprêmes Conseils se sont unanimement accordés pour définir ce qui est spécifique au Rite et qui ne saurait être évacué sous peine de faire perdre à celui-ci son identité.

Ces critères sont les suivants :

L'invocation et la glorification du Grand Architecte de l'Univers, symbole transcendant, dont l'interprétation est du seul ressort de la liberté de conscience de chacun.

La présence dans les ateliers du Volume de la Loi Sacrée, ouvert, sur l'autel des serments. Ce volume étant la Bible.

La référence aux textes fondateurs tels qu'adoptés par tous les Suprêmes Conseils du monde.

L'usage des devises *Ordo ab Chao* et *Deus Meumque Jus.*

Le respect de la démarche initiatique et la lente progression de celle-ci de degré en degré.

L'obligation de non-mixité.

Ne peuvent donc se dire du Rite Écossais Ancien et Accepté que les entités maçonniques issues d'un Suprême Conseil régulier, constitué conformément aux Constitutions de 1762 et de 1786, et respectant ces critères. C'est en les explicitant que l'on comprend mieux le pourquoi de certaines dérives, et surtout le pourquoi du ralliement à ces critères de Suprêmes Conseils de plus en plus nombreux.

L'énumération des critères de spécificité du Rite amène naturellement à les développer un à un, dans l'ordre qui semble idéal pour souligner les priorités qui, elles-mêmes renforcent le sens de cette spécificité.

La Devise Ordo ab Chao

La devise *Ordo ab Chao* fut adoptée lors de l'organisation du Rite par les Grandes Constitutions de 1786, dites de Berlin, et « révélée aux deux hémisphères » en 1802 après la création du premier Suprême Conseil dans le monde en 1801. À à cette époque, il s'agissait de rappeler l'existence d'un lien avec la Tradition qui conférait au Rite sa régularité et d'organiser l'Ordre tout en marquant la spécificité du Rite

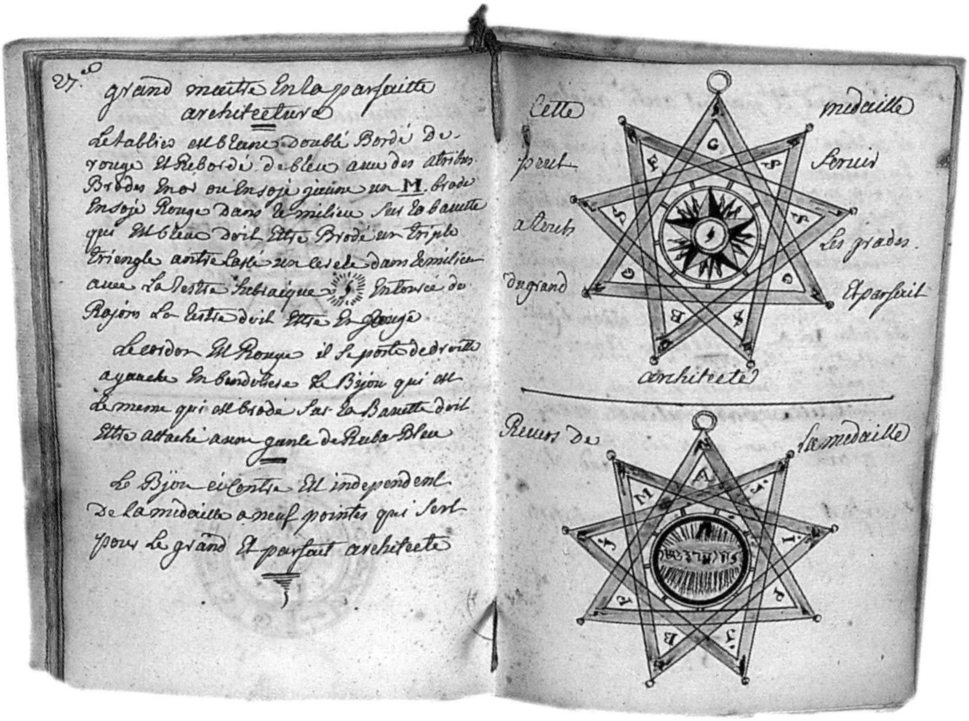

Livre des Bijoux des Grades, symboles de l'*ordo ab chao*. M.A.B. de la GLDF

en impliquant l'action d'un principe d'ordre organisant le chaos initial. L'ordre procède du chaos, qui marque un passage obligé, mais en même temps devient source d'espérance pour celui qui erre dans les ténèbres. Et au chaos doit succéder l'ordre; plus encore, du chaos doit émerger l'ordre. Dans l'antiquité, le mot grec *cosmos*, dont la signification est ordre, désignait le monde lui-même, parce qu'on se le représentait comme un système parfaitement ordonné, stable et harmonieux.

La devise *Ordo ab Chao* implique l'action d'un Principe d'ordre organisant le chaos primitif et rappelle l'existence d'un lien avec la Tradition qui donne au Rite son authenticité et sa régularité. En adoptant pour le Rite cette devise, l'auteur des Grandes Constitutions marquait sa volonté de voir converger à nouveau tous les courants de la tradition écossaise vers le centre commun dont ils étaient issus.

Le Principe Créateur

Progressivement, ce qui ne veut pas dire continûment, les découvertes scientifiques n'ont cessé d'élargir le fossé qui existe entre les penseurs et favorisé l'éclosion des philosophies matérialistes et nihilistes aux dépens des pensées dites spirituelles.

Le XIXe siècle, en particulier, a permis l'éclosion des technologies, du progrès qui en découle et de ce qu'on appelle maintenant l'ère moderne. Il a simultanément déclenché l'émergence d'idéologies opposées à toute idée de transcendance au travers de mouvements de pensée qui portent le nom de scientisme, de positivisme, de marxisme, de rationalisme et qui voient leur apogée dans la doctrine de Nietzsche qui proclame la négation de toutes les valeurs connues.

Toutes ces philosophies ont tendance à conférer à la science le monopole de la connaissance véritable et lui attribuent la capacité de résoudre progressivement l'ensemble des problèmes qui se posent aux hommes et à l'humanité. Elles placent le sens de la vie entre hasard et nécessité et le remettent en question, fondamentalement, par l'évacuation de toute transcendance, de tout projet, de toute vocation de l'humanité et de l'univers en général.

Il est intéressant d'écouter actuellement les généticiens qui sont parvenus à déchiffrer le génome humain et à décrypter dans ses moindres détails l'acide désoxyribonucléique qui participe pour beaucoup à la vie. Ces chercheurs sont devenus capables de modifier le destin d'un individu avant sa naissance en manipulant telle ou telle molécule de sa chaîne d'ADN. Bien plus, ils sont capables de synthétiser les bases puriques qui constituent les assemblages moléculaires de ces chaînes et de les assembler, comme on ferait avec les briques d'un mur. Ils sont capables de les mettre en contact les unes avec les autres et de reconstituer sur le papier la double hélice d'une chaîne d'ADN particulière. Proche de ce qu'ils considéraient déjà comme un succès sans précédant face au Créateur, ils constatent maintenant que l'assemblage, tel qu'ils en disposent, ne fonctionne pas. L'édifice ne tient pas non plus et tous, aujourd'hui, s'accordent pour admettre, chacune l'exprimant à sa façon, que ce qui leur manque c'est l'architecte et son intelligence !

C'est certainement la première fois que la Science ne s'oppose plus à la Métaphysique. C'est aussi, pour la science qui ne travaille que sur le vivant, reconnaître que la vie n'est pas le vivant, qu'elle trouve sa source ailleurs, qu'elle dépend d'une intelligence, entre autre ordonnatrice, qui se situe en dehors d'elle. Les origines de la vie ne sont pas celles du vivant. La vie a besoin, pour s'exprimer dans le vivant et l'animer, d'un principe qui insuffle et fasse émerger cette vie dans la matière et qui organise le vivant. Bien entendu, se pose alors la question du but et de la finalité de cette organisation, de cet ordre, car ce principe agit comme le ferait un architecte qui, non seulement, imagine le plan, mais le trace et lui donne sens et finalité en sachant précisément à la fois comment et pourquoi.

Toute vision scientifique du monde, quel qu'en soit son contenu a tendance à se refermer sur des certitudes, privilégiant les réponses par rapport aux questions qui les ont suscitées. Vouloir à la fois l'intelligibilité de l'être et du devenir ne semble pas susceptible de recevoir une solution qui s'impose comme vraie une fois pour toutes. La vérité n'est-elle pas un processus perpétuel et par définition ouvert, de réconciliation entre la transcendance d'un univers en évolution ayant une réalité à laquelle les hommes sont ou peuvent devenir sensibles et dont de nombreux aspects sont encore inaccessibles à l'esprit humain, et l'ensemble des questions, des intérêts, des significations, qu'élabore un esprit individualisé et immanent ? Là s'ouvrent pour l'être humain la dimension spirituelle et le vaste domaine de la spiritualité.

C'est dans cet espace que les religions ont construit leurs réponses et que les traditions ont seulement balisé des itinéraires. Nous disons symboliquement que nous y passons des angles et des droites aux courbes et aux cercles pour aller à la recherche de la vérité et de la Parole Perdue. La vérité peut-elle être étrangère au temps et au devenir ? Nombre de scientifiques, dont Prigogine et Stengers, constatent qu'actuellement la question de savoir quand a commencé le temps semble échapper plus que jamais à la physique comme elle échappe sans doute aux possibilités de notre langage et de notre imagination. De quelque côté que nous nous tournions, science, religion, démarche spirituelle en Franc-maçonnerie, mais aussi Zen, Bouddhisme, Soufisme, nous retrouvons la même tension entre l'être et le devenir, entre l'éternité et le temps.

Ainsi, manifestement, sur l'origine et le pourquoi de la vie, du temps et de l'éternité, de l'ordre et du chaos, comme sur les dimensions et l'évolution de l'univers, sur son expansion, ses limites et sa finalité, force est de constater que nous ne pouvons que nous interroger et respecter toutes les options. Pour les uns, l'avancée ultime de nos savoirs se heurte à l'inexpliqué, ils mettent toute leur confiance dans les pouvoirs de la science et de la rationalité humaine. Pour d'autres, nous sommes face à l'inconnaissable, l'innommable, l'ineffable et l'homme ne peut laisser condamner comme « seulement subjectives », « seulement empiriques » ou « seulement instrumentales » les spécificités humaines qui nous permettent de nous rendre intelligibles les phénomènes que nous interrogeons.

Et, parce qu'il se veut rassembleur et humble devant la condition humaine et ce qui la dépasse, le Rite Écossais Ancien et Accepté proclame l'hypothèse forte de l'existence d'un Principe originaire et créateur et ordonnateur du chaos. Et entre tous les noms de ce qui est et reste inconnu et, disons-le, encore mystérieux, notre Rite lui donne celui de Grand Architecte de l'Univers. Nom qui est assurément, en tant que symbole, celui qui permet le plus large consensus entre ceux qui sont engagés dans la quête de son intelligibilité et de celle du Principe, de sa manifestation et de son action.

Invocation et glorification du Grand Architecte de l'Univers

Travailler à la gloire du Grand Architecte de l'Univers, c'est admettre l'existence d'un Principe créateur et de sa parole qui en est l'actualisation. C'est aussi concevoir l'existence comme postérieure à l'essence et vouloir inscrire cette existence dans le plan et la dynamique du projet de l'univers, de ses lois et de son architecte.

Tout se réduit au problème de la foi et de l'espérance. D'un côté c'est l'homme qui, comme existant, pense et prend conscience, c'est lui seul qui donne un sens à l'existence par ses projets, ses actes et ses choix. D'un autre côté, l'essence précède tout et l'existence obéit à un plan, et c'est cette foi qui donne son sens à la vie.

La foi, qui se définit dans son rapport avec des vérités jugées essentielles mais mystérieuses et situées au-delà de ce que la raison peut comprendre, est du domaine de l'intuition plus que de la raison, à l'évidence distincte de l'intellect qui, lui, a pour vocation de penser la matière. L'intuition est du domaine de l'esprit et n'a pas à être démontrée. C'est dans ce sens que Pascal disait que le Dieu des religions n'est pas le Dieu des philosophes. La foi est une conviction, mais non pas une croyance naïve, ni au contraire une position rationnelle.

Le Rite Écossais Ancien et Accepté s'adresse justement à ceux qui pensent que la matière n'est pas la seule réalité existante. La primauté de l'esprit sur cette dernière est affirmée dans toutes ses déclarations et en constitue la spécificité première. La glorification du Grand Architecte de l'Univers n'est pas une attitude religieuse, elle implique une action, de même que l'invocation de ce même Grand Architecte. Dans le premier cas c'est l'action qui se fait à sa gloire, c'est-à-dire pour son rayonnement. Dans le second c'est pour réussir cette action dans ce rayonnement qu'il est invoqué, c'est-à-dire appelé comme soutien.

Invoquer le Grand Architecte de l'Univers avant tout travail maçonnique devient une nécessité pour le franc-maçon de Rite Écossais Ancien et Accepté qui prend conscience de l'existence du plan et que la nature, l'évolution et l'existence humaines ont une finalité.

Les religions du Livre, schématiquement, s'en tiennent à la version biblique et considèrent que Dieu a créé le monde une fois pour toutes et que la tâche du croyant consiste désormais à assurer son salut dans l'au-delà par un comportement dicté par la loi révélée. Pour le Franc-maçon conscient que l'univers est en perpétuelle construction, que chaque jour il évolue vers ce à quoi il tend suivant Le Plan et qu'alors, tout ce que l'homme dans ce qu'il vit et dans ce qu'il fait, s'inscrit dans le sens de la création, ou à l'encontre de celle-ci. Si un dictateur fou entraîne le monde dans un désastre, si un prophète illuminé conduit les hommes vers quelque impasse, si un savant improbable introduit dans l'espèce humaine une quelconque chimère fatale, la marche de l'univers continuera, mais celle de la terre en sera bouleversée.

L'homme, et qui plus est le Franc-maçon, doit prendre conscience de ce Plan, du temps et de l'éternité. Il doit prendre conscience que l'univers continuera sans doute son évolution quelle que soit l'attitude des hommes, mais pour ce qui est de la terre elle-même et surtout de l'humanité, il en va tout autrement. C'est ici que chacun peut mesurer les efforts que l'homme doit entreprendre car, s'il fait partie d'une cohorte d'espèces pensantes, il n'a pas le droit de se singulariser par des attitudes criminelles et néfastes au reste du monde. S'il est seul à penser dans cette immensité, sa responsabilité en est encore plus grande car il représenterait le chaînon d'une évolution en cours d'accomplissement donc une espérance pour l'humanité et il n'aurait, là encore, pas le droit de conduire celle-ci à sa perte.

Le Rite Écossais Ancien et Accepté, par ses spécificités, offre à chaque homme de bonne volonté une voie, une voie parmi d'autres certes, mais une voie réaliste car initiatique pour que ses efforts contribuent à conserver la primauté de l'ordre sur le chaos conformément au Plan du Grand Architecte. Il s'agit pour lui de découvrir et de respecter les grandes lois universelles et de s'efforcer de déchiffrer le Plan et d'en respecter l'harmonie universelle afin d'éviter les erreurs fatales. Et ces grandes lois, tout comme la compréhension du Plan, se déchiffrent dans le passé de l'homme et dans ce qui constitue la Tradition, que nous avons déjà reliée à la Parole. Ce ne peut être que de la connaissance du Plan que peuvent naître des perspectives d'espoir pour l'humanité.

Travailler à la Gloire du Grand Architecte de l'Univers, c'est prendre conscience qu'il y a un ordre, qu'il y a un plan suivant lequel cet ordre se met progressivement en place et qu'il y a une finalité. Travailler à la Gloire du Grand Architecte de l'Univers, c'est comprendre cet ordre, ce plan cette finalité et inscrire sa vie dans cet ordre, dans ce plan et dans cette finalité tout en conservant sa liberté de conscience. L'important pour l'initié c'est le choix, c'est son libre arbitre. Le Franc-maçon écossais ne croit donc pas que tout ce qui arrive est inéluctable, et s'il pense que tout obéit à une Loi universelle qui régit le Tout dans son ensemble et chaque chose en particulier, il ressent, dans ce grand mouvement vers une finalité que les jeux ne sont pas faits et que l'humanité peut encore se perdre sur le chemin.

La Bible ouverte sur l'autel des serments

L'homme a toujours pensé qu'au commencement des temps il pouvait communiquer directement avec son Dieu. La célèbre peinture de Michel Ange représentant la création du monde illustre magnifiquement ce contact où l'on voit l'index du Créateur toucher encore un peu le doigt du premier homme. C'est l'instant mythique et mystérieux où la séparation physique et matérielle va se faire, mais longtemps encore des passerelles imaginaires voudront voir durer ce contact et si Dieu ne touche plus l'homme de son doigt, il continue à lui parler.

Dans la tradition judéo-chrétienne cette parole s'exprime avant tout dans la Bible et par les Évangiles. C'est la disparition de ce contact avec le Principe Créateur qui s'exprime par la formule « la Parole est perdue ». La Bible témoigne de cette communication entre l'homme et le divin. Elle est le symbole le plus fort du Logos, du Verbe, de cette Parole, qu'elle contient et qu'elle véhicule parce qu'elle représente la Parole divinc, cclle par laquelle le Dieu d'Israël s'est adressé à son peuple.

Au-delà de son apport à la civilisation, au point de vue de l'Histoire des religions ou de l'Histoire tout court, le message biblique s'est révélé à la fois un vecteur extraordinaire d'universalisme par l'apport du monothéisme à l'Occident et en même temps une source inépuisable de commentaire et d'exégèse. Ce monothéisme, à travers les récits de la Bible, est retenu dans une filiation abrahamique. Il concerne trois religions : judaïsme, christianisme et islam.

On peut considérer que la Tradition repose sur l'idée qu'il existe une pensée universelle, celle-là même que les anciens avaient appelée Logos. Structure harmonieuse et rationnelle du monde, divine organisation du cosmos dans son ensemble. Les chrétiens l'ont appelé Verbe, en le personnifiant et en l'assimilant au Christ. Ainsi ce Logos ou ce Verbe communique avec l'homme par l'intermédiaire de la Tradition, du sacré, du symbole, du mythe, de la révélation. Il s'agit en quelque sorte de moyens de communication entre le monde humain et le monde divin.

M.A.B. de la GLDF

C'est la Bible, véritable bibliothèque évoquant et signifiant les longues étapes d'une évolution culturelle et religieuse, qui, en tant que symbole, conserve le mieux en potentialité cette parole. Son étude ne cesse d'en dévoiler les symboles, les mythes et les paraboles, leur ordonnancement et leur logique, permettant à chacun d'actualiser cette Parole pour lui-même, pour l'autre et pour l'humanité, dans la liberté de sa compréhension, de son interprétation, de sensibilité, de sa conscience, de sa Foi.

L'esprit humain est indissociable des expériences socioculturelles, religieuses ou spirituelles. C'est à un patrimoine commun que s'adressent le Rite et la Tradition pour proposer la réalisation d'une personnalité à accomplir en l'initié, et l'esprit sans le corps ne saurait que se déliter. C'est pourquoi le concept de régularité reste aussi important car il permet à l'homme son rattachement à sa tradition et par là à sa source et à l'éternité.

Dans les loges, tous rites confondus, on trouve plusieurs catégories de Maçons, depuis les mystiques qui oublient totalement la face opérative de la démarche maçonnique, en passant par les politiques qui par souci de modernité veulent expurger de nos pratiques la référence aux Évangiles et à la Bible sous prétexte qu'elle porte atteinte à leur libre arbitre et qui préfèrent un livre blanc sans signification ésotérique ni rattachement à la Tradition, ou un livre profane qui délierait cette démarche maçonnique de ses fondements. C'est oublier le contenu spirituel des livres sacrés et oublier l'histoire des hommes dans ses rapports avec l'inaccessible, avec le divin.

C'est pour ces raisons que la présence du volume de la Loi sacrée sur l'autel des Loges est un des critères de régularité et de spécificité du Rite Écossais Ancien et Accepté. Sur l'autel des Loges pratiquant ce rite, le monde matériel est symbolisé par l'équerre et le monde spirituel par le compas. Ces deux mondes complémentaires pour l'homme, se trouvent réunis par un troisième élément, la Bible, qui symbolise le chemin d'accès à la Vérité et à la Parole. L'ensemble constitue les Trois Grandes Lumières de la Franc-maçonnerie.

Le respect de la démarche initiatique et sa lente progression de degrés en degrés

Le concept d'initiation est commun à toutes les traditions. Il s'agit toujours d'atteindre à la plénitude de l'esprit humain au terme d'une lente maturation de l'adepte engagé sur la voie du perfectionnement individuel indispensable pour surmonter les épreuves successives qui jalonnent la quête de la Vérité et de la Parole. Cette voie que la Tradition propose est celle du monde intérieur. C'est là que se vivent toutes les expériences spirituelles. Force est de constater que l'importance et l'intérêt de ce monde intérieur se sont considérablement affaiblis aujourd'hui. Le paraître a, depuis longtemps, pris le pas sur l'être et il s'agit de redécouvrir ce continent perdu.

L'homme véritable existe en chacun de nous, mais il est enfoui au plus profond de chaque individu. Il n'a jamais totalement disparu et c'est à cette redécouverte par une démarche initiatique que nous convie le Rite Écossais Ancien et Accepté.

Cette démarche initiatique est voie de connaissance, mais connaissance autre que celle qu'on attribue à un enseignement universitaire ou à un apprentissage. Elle permet à l'initié de parcourir et de gravir, au cours de sa progression, autant d'étapes nécessaires à sa réalisation.

Tablier ancien - M.A.B.

Cette démarche commence par la connaissance de soi, se poursuit par l'appréhension du monde, passe par l'incontournable réalité qu'est la mort dans tout parcours humain.

La démarche initiatique représente la spécificité majeure du Rite Écossais Ancien et Accepté. Pour être valide, la méthode initiatique doit répondre à trois caractères qui sont la séparation, la filiation traditionnelle et la substitution.

Séparer d'abord, en séparant le sacré du profane et en plaçant l'initié dans une relation avec le cosmos, de sorte que l'homme se situe en médiateur entre le ciel et la terre, c'est-à-dire entre le sacré et le profane à la fois intérieur et extérieur. Assurer ensuite la filiation, c'est-à-dire remonter aux origines légendaires en dépassant l'écrit qui ne peut retransmettre que l'historique, alors que le mythe, lui, s'adresse à la mémoire humaine et permet de remonter bien plus loin dans le temps. La référence aux Anciens, dans cette démarche, est nécessaire pour légitimer cette filiation. Substituer, enfin, pour faire revivre le mythe et le symbole et, ce faisant, répéter les gestes des dieux.

La construction écossaise est avant tout harmonieuse, sa décomposition en plans successifs a pour objectif d'éveiller, par paliers, la conscience, et de révéler l'immanence du Principe. C'est en lui-même que l'initié va découvrir, au fil du chemin, le Grand Architecte de l'Univers. Les plans successifs semblent multiples, ce qui souligne la longueur et la difficulté du cheminement, car l'initiation écossaise s'inscrit dans le temps. Pour bien le marquer, elle propose une histoire et ses séquences qui correspondent elles-mêmes à des plans spirituels, Connaissance, Amour, Action, Justice, Vérité…

Les trente-trois degrés du Rite ne constituent pas une hiérarchie susceptible de contraindre la liberté de chacun, mais une échelle que chaque initié doit gravir individuellement : l'objectif est et reste son épanouissement personnel. Cependant, pour accéder à un degré supérieur il est nécessaire d'avoir assimilé le niveau précédent. Brûler les étapes dans ce domaine semble aberrant, car l'assimilation d'un grade est une épreuve longue et difficile, à tel point, et c'est paradoxal, que bien souvent on ne comprend le message du degré précédent qu'en accédant au suivant.

Cette démarche initiatique qui se fait par une lente progression de degrés en degrés est une des spécificités du Rite Écossais Ancien et Accepté qui le démarque d'autres Rites ; ici comme ailleurs il importe de ne pas perdre de vue l'objet de cette démarche. Ici encore, comme pour les autres caractères spécifiques, le non-respect de ce processus annulerait le résultat, ferait perdre au rite lui-même une grande partie de sa signification et à chacun de ses adeptes le bénéfice de son implication.

Dans cette progression, l'important est en fait de transmettre. Dans le Rite Écossais Ancien et Accepté, la transmission se fait par le groupe, c'est-à-dire par la Loge. La Loge est l'entité initiatique seule habilitée à transmettre. Ses membres sont tous porteurs du même tablier, mais ne sont pas tous au même niveau de connaissance et d'évolution spirituelle. Ce qui compte c'est, pour chacun, d'accéder au message tel qu'il a été formulé de tout temps aux porteurs du même tablier, afin qu'il n'y ait pas de rupture. Ainsi, un Frère est-il capable de transmettre efficacement le degré, sans être lui-même en possession de toute la compréhension de ce grade.

Voilà pourquoi il est essentiel de respecter les rituels à la lettre et avec humilité, car nul ne peut prétendre en avoir approfondi et en connaître tout le sens. Les rituels contiennent tout l'enseignement du Rite. S'ils n'existaient pas, chaque frère transmettrait, non pas l'enseignement du rite, non pas la Tradition, mais ce qu'il en a compris et ressenti de sorte que le risque serait immense de voir au fil des générations disparaître l'essentiel de cet enseignement. Là encore la parole risquerait d'être perdue. La nécessité de respecter les rituels tient à cette constatation. Peu importe que dans une loge on interprète les symboles et les mythes de telle ou telle façon, si le rituel, le texte et son agencement sont respectés, la génération suivante saura retrouver le message initial.

Conclusion

Ces critères de spécificité font du Rite Écossais Ancien et Accepté une doctrine qui peut convenir à tout homme de notre temps quelles que soient sa religion, ses croyances et sa philosophie. Né en France, le Rite pouvait, jusqu'au dernier quart du XXe siècle sembler s'adresser avant tout au monde occidental, non par décision délibérée, mais parce qu'il est érigé sur un socle traditionnel et culturel propre à cette partie monde.

Mais si la banalisation des voyages, des échanges et des communications au niveau mondial, a entraîné une interpénétration des cultures, des religions, des philosophies et des idéologies, ce qui n'est pas sans poser des problèmes que l'on peut qualifier d'explosifs en certains lieux, notre Rite, véritable centre de l'union, révèle de plus en plus aux quatre coins du monde et sur les deux hémisphères, sa vocation à rassembler les hommes de toutes les cultures et toutes les Traditions. Si la « Loge Mère » de Kipling reste quelque peu mythique dans nos mémoires, dans la réalité, des loges pluriculturelles qui respectent scrupuleusement les spécificités du rite. Elles ne cessent de se propager et de propager les vertus consensuelles et universelles portées par ces spécificités. Ainsi et entre autre, l'admission de bouddhistes ou d'animistes, le réveil du Suprême Conseil et de la Grande Loge du Maroc, les matricules des loges symboliques et Ateliers de la Juridiction en terre canaque, à l'Île Maurice, en Guyane comme à Tahiti témoignent de cet universalisme, source de fraternité, d'amour et de paix.

Telles sont les spécificités du Rite Écossais Ancien et Accepte qui en font non seulement sa force sa force et son actualité mais, soyons-en sûrs, son avenir. Tous les Ateliers de Rite Écossais Ancien et Accepté, quel que soit leur degré, travaillent à la Gloire du Grand Architecte de l'Univers. Le Rite concilie l'existence d'un Principe créateur et le respect de la liberté de conscience, c'est ce qui lui donne un esprit tout à fait spécifique. Rejetant toute conception dogmatique et révélée de la vérité, il conduit chacun, selon sa propre sensibilité, à la découverte de sa vie intérieure et à donner un sens à cette vie.

Notes

[1] Les Loges de la Grande Loge de France qui ne pratiquent pas le Rite Écossais Ancien et Accepté ont été agrégées pour des raisons historiques ou locales et ne sont pas autorisées à essaimer avec le rite qu'elles pratiquent.

[2] la kabbale était à l'époque une spécialité bordelaise, mais réduite il est vrai à l'entourage de Martinez de Pasqualy.

Le Rite Écossais Ancien et Accepté un rite spiritualiste pour une obédience traditionnelle

par José Barthomeuf

Plutôt que de vouloir changer la forme du violon,
commence par apprendre à en jouer.
Alain

Cette phrase du philosophe Alain illustre parfaitement mon propos, qui va surtout porter sur la pratique du rite, ici et maintenant, aujourd'hui et dans nos loges; sur l'exigence de le conserver dans sa pureté originelle; et sur la nécessité de le protéger contre toutes les tentations de modernisation ou tentatives de « relookage », sous prétexte que la Maçonnerie « doit vivre avec son temps ».

Si notre rituel nous rappelle lors de chaque tenue, dès l'ouverture des travaux, que nous entrons dans « un espace sûr et sacré », c'est bien pour nous rappeler que le rituel nous ouvre cet espace de liberté qu'est la Loge, hors du temps et de l'espace profanes, et nous permet de dépasser les divergences politiques et religieuses pour travailler ensemble, dans l'harmonie et la sérénité, à ce qui nous rassemble plutôt qu'à ce qui pourrait nous diviser.

« *Mes Frères, nous ne sommes plus dans le monde profane*, dit le Vénérable Maître, *nous avons laissé nos métaux à la porte du Temple; élevons nos cœurs en fraternité et que nos regards se tournent vers la Lumière.* »

Le propre d'un rite est d'être traditionnel

Il repose sur des règles, des textes fondateurs, des critères de régularité incontournables et immuables, et toute une histoire. Sans rite, donc sans Tradition, il ne peut y avoir de Franc-maçonnerie.

La Grande Loge de France est claire sur ce point, en proclamant dès la première ligne du premier chapitre de sa Constitution : « *La Franc-maçonnerie est un ordre initiatique, traditionnel et universel, fondé sur la Fraternité* »

Le rite a pour fonction d'offrir à ses pratiquants, à travers ses rituels, un système et une méthode, qui se transmettent d'âge en âge et de pays en pays, sans être altérés ni par les modes, ni par les tourmentes de l'histoire, ni par les prétendues nécessités d'épouser son époque. Le rôle du rite est, au contraire, de se perpétuer à l'abri des influences profanes, politiques et temporelles. Il est à l'opposé d'une mode, dont le principal inconvénient est, précisément, de « se démoder »

Sans rite, ni rituels, la Franc-maçonnerie en général, et la Grande Loge de France en particulier, se réduirait à une association ordinaire, sans Tradition ni héritage à transmettre. Tout cet héritage, si particulier et la méthode à utiliser pour le faire fructifier, sont contenus dans les rituels.

Un rite est un « mode d'emploi » destiné à harmoniser les rapports entre les hommes, tout en contribuant à l'épanouissement de l'individu dans l'exercice responsable de son métier d'homme. Or, on ne change pas un mode d'emploi, parce qu'on ne sait pas faire marcher la machine ; ou que l'on trouve qu'elle ne va pas assez vite. Si l'on veut que la mécanique fonctionne, on doit suivre le mode d'emploi, à la lettre.

Reportons-nous à une définition générale du rite : « *C'est un ensemble de pratiques, au sein d'une même institution, destiné à rassembler ses membres, autour d'une même Tradition, orientés vers le même objectif : à savoir, l'accès à la notion de sacré et le perfectionnement de l'homme.* »

La force d'un rite et sa pérennité reposent sur des fondations solides. Comme pour un édifice – et un rite en est un – plus les fondations sont profondes, plus il peut s'élever et plus il perdure.

Ses fondations sont, naturellement, ses textes fondateurs et son histoire. C'est pourquoi il est important de les connaître, pour veiller à leur solidité et les prévenir ainsi des risques d'érosion et d'éventuelles altérations.

Et notre devoir, à nous les héritiers de ces biens, est non seulement de les conserver – au sens « conservateur d'un patrimoine » – mais surtout de les entretenir, de les protéger contre les outrages du temps, et d'en réparer les lézardes, avant qu'elles ne deviennent des brèches.

En perdant ses rites, qui sont les liens spirituels, communs à tous les Francs-maçons de tous les pays du monde, la Franc-maçonnerie perdrait son caractère universel. Elle se déliterait en petits groupuscules locaux, qui s'inventeraient, alors, des particularités originales, pour se distinguer, selon les goûts du Prince ; et elle se condamnerait, ainsi, à de plus ou moins brèves existences.

La Franc-maçonnerie n'a pas à subir les caprices des hommes, mais doit au contraire, les empêcher de céder à leurs extravagances. C'est pourquoi la Grande Loge de France doit continuer à résister aux tentations de modernisation, comme elle l'a fait jusqu'à maintenant.

A la Gloire du Grand Architecte de l'Univers

Salut, Force et Union.

Patente du XVIIIe siècle - M.A.B. de la GLDF

Je n'utiliserai l'Histoire que pour éclairer notre présent et préserver notre avenir. Et si mon propos s'attache à la spécificité du Rite, tel qu'il nous a été légué, tel qu'il doit se pratiquer et tel que nous devrons le transmettre, à notre tour, dans sa pureté originelle, c'est que l'histoire nous apprend que la défense et la protection du Rite Écossais Ancien et Accepté, tant contre les attaques extérieures que contre les tentations internes de modernisation, ne se firent pas sans mal.

En effet, lors de la célébration du 150e anniversaire de la création du Suprême Conseil de France - c'était en 1954 - le Grand Commandeur de l'époque, René Raymond, rappelait que le Rite Écossais Ancien et Accepté avait essuyé, depuis le début de la IIIe République (1870) pas moins de onze « *tentatives plus ou moins violentes* (sic) *d'unification* » conduites notamment par le Grand Orient de l'époque « *fasciné*, dit-il, *par le mirage de l'Unité* » et par le mythe jacobin de la centralisation. D'où la réponse du Convent de Lausanne de 1875, dans sa « Déclaration de Principe » toujours en vigueur à la Grande Loge de France.

Sentant venir de nouvelles menaces, le Grand Commandeur René Raymond exprimait alors la nécessité de reprendre ces rencontres internationales, pour prévenir tous risques de dérives :

« *Les luttes et surtout les guerres mondiales récentes ont réduit nos réunions internationales et nous n'avons pu nous réunir depuis 1935. Les différences se sont accentuées et dans notre époque de transformations rapides, d'adaptations révolutionnaires, de progrès scientifiques sensationnels, le passé pèse lourdement, amenant son cortège de stagnation et de luttes intestines regrettables.* » Mais ce n'est qu'en 1996 – 40 après cette mise en garde, restée lettre morte – que le Suprême Conseil de France décida de relancer le cycle de ces conférences internationales.

Spécificités du Rite Écossais Ancien et Accepté

Quand on entre en Franc-maçonnerie – à la Grande Loge de France comme dans une autre obédience – on sait que l'on y vient pour travailler, mais l'on ne connaît rien de la méthode, on ignore tout du rite et l'on ne sait pas très bien encore à quoi il peut bien servir.

Si les Surveillants ne l'inscrivent pas dans leur programme d'instruction, l'Apprenti commencera à le découvrir par la pratique du rituel, mais sans en connaître ni les fondements, ni les critères de régularité, ni les spécificités. Il faut donc savoir que le Rite Écossais Ancien et Accepté, en vigueur à la Grande Loge de France, est le plus pratiqué dans le monde et que le Suprême Conseil de France est – du haut de ses deux siècles – le deuxième plus ancien du monde après celui des États-Unis d'Amérique, et le premier d'Europe. Et s'il est d'origine irlandaise, puis écossaise, comme son nom l'indique, il est d'inspiration française, puisque c'est Étienne Morin, puis le comte de Grasse-Tilly, qui l'installèrent, puis lui donnèrent une impulsion et le propagèrent à travers le monde.

La première spécificité de ce rite, sur lequel s'entendent tous les Frères de la Grande Loge de France – même les plus modernes – est la notion de Spiritualité. Le Rite Écossais Ancien et Accepté est essentiellement « spiritualiste » c'est-à-dire :

– qu'il prône la primauté de l'esprit sur la matière ;

– qu'il croit en la perfectibilité de l'homme et met à sa disposition une méthode de perfectionnement individuel ;

– que la progression initiatique qu'il propose, apporte à l'initié une connaissance spirituelle de plus en plus élevée, qui lui permettra de conduire une action de plus en plus éclairée dans le monde, avec la conscience d'appartenir à un « Tout » ordonné, cohérent, en évolution permanente ; et de participer personnellement à l'amélioration constante de l'humanité, « à la Gloire du Grand Architecte de l'Univers ».

Cette notion de « primauté de l'esprit sur la matière » prend une importance majeure, grandissante et d'autant plus nécessaire aujourd'hui, que notre société matérialiste, en perte de repères et de valeurs morales, donne la priorité à la croissance économique et à l'acquisition de biens matériels, au détriment du développement de l'individu, de son épanouissement et de sa réalisation spirituelle, dans « un monde de brutes » lancé dans une fuite en avant, seulement guidé par un profit toujours plus grand, sous le règne de « l'avoir » et la dictature de l'argent.

La pratique d'un rite spiritualiste, à l'intérieur d'une obédience traditionnelle, permet, par les valeurs qu'il défend, un rééquilibrage et un ressourcement de l'individu à sa Tradition, en lui offrant la capacité, avec les moyens et les compétences qui lui sont propres, dans le domaine qui est le sien, de « spiritualiser » ce monde qui l'entoure et qu'il lui appartient toujours d'améliorer « *chacun à sa place et à son office* ». La Spiritualité du Rite Écossais Ancien et Accepté, telle que la définit Jean Erceau, est :

– non dogmatique, parce qu'elle ne fait appel à aucune théologie et que chacun peut interpréter librement le Principe créateur ;

– laïque, puisqu'elle est indépendante des religions existantes, quelles qu'elles soient ;

– œcuménique, puisqu'elle n'exclut aucune religion ;

– humaniste, car elle se vit dans une dynamique de développement de la nature humaine.

L'Écossisme a aussi, cette particularité de se réclamer à la fois de la Tradition des Maçons opératifs, constructeurs de cathédrales et de celle des chevaliers défenseurs de la Terre Sainte et des valeurs « chevaleresques » qu'elle symbolisait. Cette Maçonnerie spirituelle, esquissée en 1737 dans le célèbre *Discours* du chevalier Ramsay, rassemble sous un même Rite Ouvriers et Chevaliers d'une même Commanderie, issus d'une Tradition commune, animés d'un idéal commun et habitués à travailler ensemble à une œuvre commune, le guerrier permettant à l'œuvrier de bâtir en confiance et en toute sécurité. L'Écossisme associe ainsi dans une même démarche initiatique la construction de l'Édifice, celle du Maçon, celle de la société humaine et celle de « l'Univers et des dieux » organisée par le Grand Architecte de l'Univers.

L'esprit de chevalerie se caractérise par un désir d'élévation spirituelle, associé à une volonté d'amélioration de la condition humaine par une action individuelle sur le monde avec la conscience de participer à la réalisation d'un plan supérieur. Et c'est pour y parvenir que le Rite

Un tablier ancien - M.A.B. de la GLDF

offre à l'initié une méthode de perfectionnement individuel qui lui permettra de devenir un véritable acteur de sa vie, dans un monde en évolution et en création permanente.

Une Maçonnerie spirituelle

C'est ce que prescrit la Déclaration de Principe du Convent de Lausanne de 1875, qui fut rédigée par le Grand Commandeur du Suprême Conseil de France d'alors, Adolphe Crémieux, à laquelle la Grande Loge de France a adhéré et se réfère encore et toujours depuis 129 ans – puisqu'elle la retranscrit, mot pour mot, dans le rituel d'Initiation au 1er degré :

« *La Franc-maçonnerie proclame, comme elle l'a proclamé dès son origine, l'existence d'un Principe Créateur, sous le nom de Grand Architecte de l'Univers.*

Elle n'impose aucune limite à la recherche de la Vérité et c'est pour garantir à tous cette liberté qu'elle exige de tous, la tolérance. [...]

C'est une école mutuelle dont le programme se résume ainsi : obéir aux lois de son pays, vivre selon l'honneur, pratiquer la justice, aimer son semblable, travailler sans relâche au bonheur de l'humanité et poursuivre son émancipation progressive et pacifique. »

C'est au cours de ce Convent de Lausanne que le Rite Écossais Ancien et Accepté a pris une dimension internationale et confirmé son universalité indiscutable. Ce premier accord engageait les signataires à protéger le Rite contre tout risque d'altération, par les incurables « novateurs » de tout temps et de tout pays, désireux de marquer leur passage par une réforme à laquelle serait attaché leur nom. Cette déclaration fédératrice, commune à neuf pays, coupait l'herbe sous le pied de ces chefs de partis qui avaient tendance à vouloir confondre ordre initiatique universel et groupe de pression local.

Ce convent concrétisa ses intentions fédératrices en établissant des juridictions dans une vingtaine de pays d'Europe et d'Amérique du Sud, qui purent adhérer, par la suite, à cette Confédération et ainsi ratifier le traité. Devant cette union sacrée, qu'ils craignaient à juste titre de ne pouvoir contrôler, les Anglo-saxons, en réaction au Convent de Lausanne, ont réuni cinq ans plus tard un Convent restreint à Edimbourg au cours duquel ils ont renié leur signature, en refusant de participer, dorénavant, aux conférences internationales autres que celles réunissant les pays de langue anglaise.

Depuis, il y a d'une part les Anglo-saxons… et d'autre part tout le reste du monde! Mais c'est le Convent de Lausanne qui fait autorité, encore aujourd'hui. Quant à celui d'Edimbourg, n'ayant donné lieu à aucune résolution, il est tombé dans l'indifférence générale et dans l'oubli.

À la suite de toutes les autres tentatives à caractère hégémonique ou politique, d'autres conférences internationales se réunirent pour prendre la défense du Rite, en 1907 à Bruxelles, en 1922 à Lausanne, en 1929 à Paris et en 1935 de nouveau en Belgique. La suivante devait avoir lieu à Boston en 1939, mais la Deuxième Guerre Mondiale allait interrompre la fréquence de ces rencontres. Ce n'est qu'en 1996 - soit 60 ans après la dernière de 1935 - que le Suprême Conseil de France, conscient d'un nouveau danger de dérives « modernistes », proposa de reprendre ce cycle de rencontres internationales, en invitant à Paris six autres Suprêmes Conseils pour s'entendre sur les critères de régularité et sur la pratique initiatique du Rite Écossais Ancien et Accepté telle qu'elle devait être. La France faisait ainsi un acte de refondation, reconstituant une véritable synergie entre les Suprêmes Conseils du monde non anglo-saxon. Deux ans plus tard, à Gand, ils étaient onze; ils se retrouvaient quatorze à Athènes en 2001 ; et en octobre prochain, vingt-huit sont attendus à Belgrade.

Tous ces Suprêmes Conseils ont adopté à l'unanimité les critères de régularité du Rite, en soulignant que « *ni les modes, ni le modernisme n'ont de prise sur la Tradition et que, loin de les subir, celle-ci se présente comme un recours, une sorte de phare dans le contexte d'une mondialisation déstabilisante aux repères sans cesse modifiés* ».

Si l'on touchait à un seul de ces critères, intimement imbriqués à l'intérieur d'une construction cohérente, c'est tout l'édifice qui s'effondrerait, et en perdant un seul de ses *Landmarks*, le Rite Écossais Ancien et Accepté en perdrait son nom. Sa mission s'en trouverait trahie, son histoire et sa Tradition reniées.

La démarche initiatique

C'est pour définir plus précisément ce que devait être la « démarche initiatique » au sein du Rite Écossais Ancien et Accepté que huit Suprêmes Conseils se sont réunis à Gand en septembre 1998.

Les critères - au nombre de onze - qui la définissent et la caractérisent peuvent se résumer autour de trois grandes lignes directrices :

1. L'article 1 précise que la démarche initiatique est une recherche spirituelle, qui se fonde sur la proclamation de l'existence d'un Principe supérieur, connu sous le nom de Grand Architecte de l'Univers ; et que parallèlement, la recherche de la vérité ne peut être soumise à aucune limite, ni à aucune contrainte dogmatique, ce qui implique le droit et le devoir, pour chacun, d'interpréter le concept de Grand Architecte de l'Univers et les symboles, selon sa conscience.

2. Cinq articles concernent le déroulement et la progression initiatique, qui doit être un lent processus de construction personnelle et collective, par l'assimilation progressive de chaque degré du Rite.

Elle doit donc être organisée dans la durée, avec des étapes successives, comportant des initiations spécifiques, selon un rythme approprié. Chaque étape du parcours initiatique doit permettre de découvrir la filiation de la Tradition, à travers les légendes et les symboles.

3. Le respect de la démarche initiatique entraîne « *la nécessité de veiller à la préservation et à la conservation des rituels, sur la base des principes fondamentaux et des sources authentiques du Rite et à leur parfaite exécution* ».

Diplôme maçonnique de la Grande Loge de France - XVIIIe siècle - M.A.B.

Ces résolutions de 1998 apportent, en outre, deux solides confirmations concernant, l'une, l'interdiction de toute polémique en matière politique et religieuse, et l'autre, l'incitation à « *agir dans le monde, à pratiquer la bienfaisance et à travailler sans relâche au progrès et au bonheur de l'humanité* ».

Trois ans plus tard, les quatorze Suprêmes Conseils réunis à Athènes, réaffirment que le Rite Écossais Ancien et Accepté, tel que les signataires le conçoivent et le pratiquent, se situe dans « *le courant spiritualiste et traditionnel* ». Constatant que « *toutes les tentatives d'extériorisation ont été suivies d'échecs, voire de réactions d'hostilité et rendent vulnérable la pérennité du Rite* », ils affirment dans leur résolution commune que « *la Tradition n'a pas à s'agenouiller devant les modes et la modernité; et doit prendre garde aux tentatives destructrices ou déstabilisantes des faux prophètes du monde contemporain* ».

Universalité et régularité du Rite Écossais Ancien et Accepté

Le fait d'être le rite pratiqué dans le plus grand nombre de pays du monde donne au Rite Écossais Ancien et Accepté une vocation à l'universalisme, c'est-à-dire qu'il répond aux mêmes critères dans toutes les obédiences du monde qui l'ont adopté. Cet universalisme trouve sa plus belle illustration dans les loges de l'Océan Indien, dans les îles de La Réunion et Maurice, où travaillent dans la plus parfaite harmonie des Frères de toutes confessions, bouddhistes, taoïstes, tamouls, juifs, musulmans, catholiques, sans que le Grand Architecte de l'Univers ni le Volume de la Loi Sacrée ne posent jamais aucun problème à quiconque.

S'il est parfaitement concevable, compréhensible et même nécessaire que la forme du Rite s'adapte à la culture, aux mœurs, traditions et usages de chaque pays, il n'est pas acceptable de toucher au fond commun – c'est-à-dire aux critères de régularité sur lesquels une majorité de Suprêmes Conseils se sont prononcés et accordés – au risque de le dénaturer et de lui faire perdre son caractère universel. La juridiction ou l'obédience qui déciderait, unilatéralement et arbitrairement, d'apporter des modifications sur les critères de régularité, risquerait, en n'ayant plus les mêmes références et signes de « reconnaissance », de se couper des autres puissances maçonniques signataires, restées fidèles au Rite. Ces dispositions et résolutions prises en commun ne peuvent être aménagées voire modifiées que par les mêmes cosignataires, en fonction d'exigences exceptionnelles et de nécessités historiques du moment. C'est ce que mentionnent clairement « Les Résolutions d'Athènes » de 2001 :

« *Nulle autorité ne pourrait dispenser quiconque d'une partie ou de l'ensemble de ces obligations à l'égard de ces principes, désignés sous le nom de Landmarks, ni s'abstenir de les faire observer, sans commettre une irrégularité majeure et se corrompre.* [...]

Il ne pourrait être question de les adapter à nos prévisions de ce que sera le XXIe siècle ou de les remplacer par d'autres formules « rénovées » ou « élargies », capables peut-être de rallier un plus grand nombre d'adhérents, mais au détriment de leur sens profond et de leur portée initiatique. »

L'histoire se répète. Des menaces insidieuses peuvent toujours être dans l'air, sous couvert du mythe d'une Maçonnerie universelle « idéale » où tous les Maçons seraient unis, autour de critères communs, en concédant obligatoirement quelques suppressions de symboles jugés trop « spécifiques ». Et l'on ne ferait, ainsi, que procéder à un nivellement par le bas. Au contraire, c'est dans la diversité des rites et des obédiences que s'exprime pleinement la liberté de conscience. C'est le pluralisme – en Maçonnerie, comme en religion ou en politique – qui est le principal garant de liberté On sait, en effet, ce qu'il advient des pays qui ont installé un parti unique ou imposé une religion d'état.

La Franc-maçonnerie est une institution œcuménique qui est – et doit rester – opposée à la pensée unique. Elle doit être ouverte à tous les hommes et toutes les femmes de bonne volonté ; à celui ou celle qui croit au ciel, et à celui ou celle qui n'y croit pas ; à celui ou celle qui veut travailler dans une obédience exclusivement masculine ou féminine, et à celui ou celle qui veut travailler dans une obédience mixte.

C'est là, la première manifestation de tolérance et de respect mutuel des convictions de chacun. Chacun doit pouvoir avoir la liberté de choisir son obédience, en fonction du rite qui lui convient le mieux, pour donner à sa démarche initiatique le sens qu'il entend.

En règle générale, chacun s'accorde à reconnaître que l'on reste naturellement et solidement attaché au rite auquel on a été initié, comme un arbre reste attaché à ses racines.

C'est pourquoi, pour le respect de la liberté de chacun, on ne change pas un rite. Mais on peut aisément changer de rite !

Si l'on ne sait pas jouer du violon, on peut toujours apprendre à jouer du tambour ! Chacun peut choisir librement son instrument, en fonction de mode d'expression qui lui est propre.

Il est donc inutile de vouloir changer la forme du violon, car ce n'est pas l'instrument qui donnera du talent à celui qui le pratique, ce sont le travail personnel, l'amour du métier, la volonté de perfectionnement, la persévérance et la sensibilité de l'artiste.

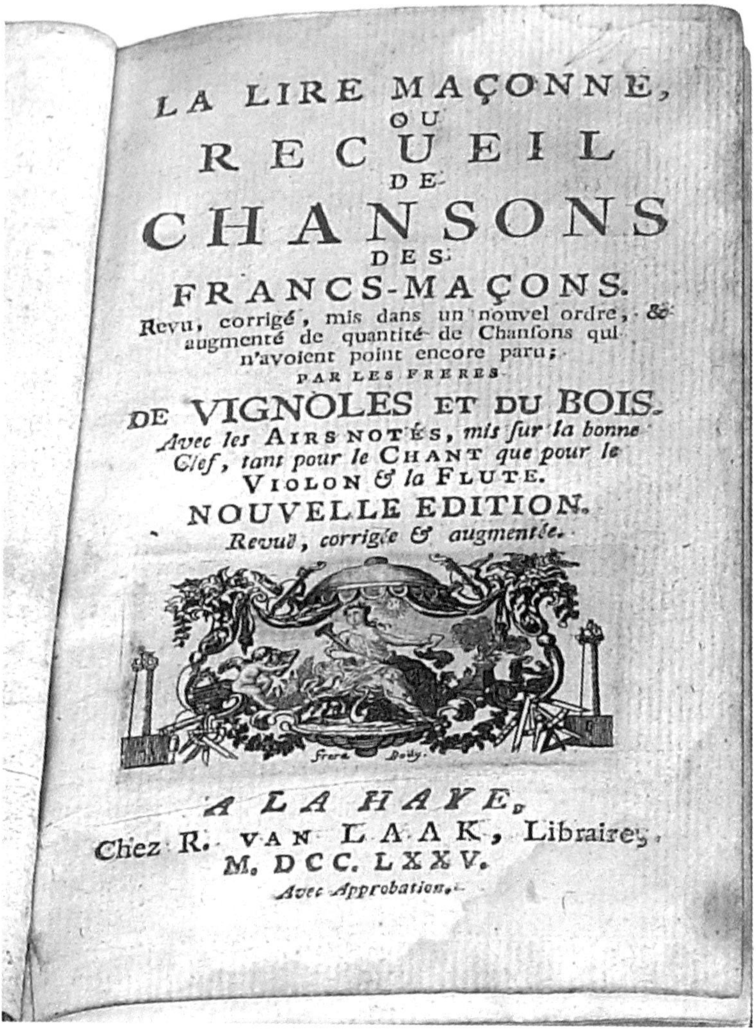
LA LIRE MAÇONNE,
OU
RECUEIL
DE
CHANSONS
DES
FRANCS-MAÇONS.
Revu, corrigé, mis dans un nouvel ordre, & augmenté de quantité de Chansons qui n'avoient point encore paru;
PAR LES FRERES
DE VIGNOLES ET DU BOIS.
Avec les AIRS NOTÉS, *mis sur la bonne Clef, tant pour le* CHANT *que pour le* VIOLON *& la* FLUTE.
NOUVELLE EDITION.
Revuë, corrigée & augmentée.

A LA HAYE,
Chez R. VAN LAAK, Libraire,
M. DCC. LXXV.
Avec Approbation.

Recueil de chansons des Francs-maçons, - XVIIIe siècle - M.A.B. de la GLDF

Cercle Condorcet Brossolette

Cercle culturel - Président : Yves-Max Viton

Conférences publiques

Grand Temple de la Grande Loge de France
8 rue Puteaux, 75017 Paris

La Grande Loge de France et la question de la laïcité

par Gilbert Schulsinger

Il y a presque un siècle, en 1905, était promulgué la loi sur la séparation de l'Église et de l'État, et voilà qu'aujourd'hui se pose à nouveau la question de la laïcité. Un large débat s'est engagé auquel ont participé personnalités politiques, enseignants, autorités religieuses et Francs-maçons.

Au double titre de citoyen et de Franc-maçon nous ne pouvons rester indifférents à ce que nous considérons comme un des piliers de la République en même temps qu'une valeur qui est au cœur même de l'idée maçonnique. Valeur fondatrice même, pourrait-on dire, si l'on se réfère à notre histoire.

Cette histoire commence, on le sait, au début du 18e siècle après deux siècles de guerres de Religion qui ont ensanglanté l'Europe. La tolérance n'est plus seulement vertu, elle devient nécessitée vitale, et c'est sur cette idée première que la Franc-maçonnerie s'ouvre à tous les hommes quelles que soient leur race, leur nationalité et leur religion, pourvu qu'ils soient libres et de bonnes mœurs. Cette tolérance va s'affirmer sans ambiguïté dans les Constitutions d'Anderson de 1723, texte fondateur de la Franc-maçonnerie dont l'article premier traite de Dieu et de la Religion :

« *Le Franc-maçon est obligé par sa tenure d'obéir à la loi morale... mais quoique dans les temps anciens les Maçons fussent astreints dans chaque pays d'appartenir à la religion de ce pays ou de cette nation quelle qu'elle fût, il est cependant maintenant considéré comme plus expédient de les soumettre seulement à cette religion que tous les hommes acceptent, laissant à chacun son opinion particulière, et qui consiste à être des hommes bons et loyaux ou hommes d'honneur et de probité quelles que soient les dénominations et croyances qui puissent les distinguer.*

« *Ainsi la Franc-maçonnerie devient le centre de l'union et le moyen de nouer une véritable amitié parmi des personnes qui eussent dû demeurer perpétuellement éloignées* ».

Première approche de la laïcité posée comme condition pour la fraternité entre les hommes par-delà leurs différences, premier jalon vers l'émancipation progressive et pacifique de l'humanité dont la Franc-maçonnerie fera sa vocation. Liberté de conscience, donc, qui va s'inscrire dans le vaste projet de ce siècle des Lumières qu'on peut considérer comme la plus grande Révolution culturelle de tous les temps.

Avec la raison triomphante, l'essor de la science s'ouvre à tous les domaines de la connaissance à la recherche de la vérité de ce monde contre une vérité révélée et dès lors définitivement figée et indiscutable.

Et l'homme, l'homme qu'on veut faire accéder à la conscience d'être autre chose que le jouet dérisoire d'une fatalité décidée par sa naissance ; l'homme qu'on veut affranchir du pouvoir absolu d'un monarque qui tire sa légitimité du droit divin et d'une Église qui asservit les âmes pour une promesse de salut dans un au-delà mythique, qui le consolerait des souffrances d'ici-bas ; l'homme enfin à qui l'on veut dire qu'il est l'architecte de son destin et qu'il naît libre et égal en droit à tous les autres hommes.

Il n'y a pas pour autant chez les philosophes des Lumières de combat contre la Religion, mais ils défendent cette Religion naturelle libérée des dogmes et du pouvoir des clercs si bien définie par Jean-Jacques Rousseau : « *La vérité évangélique n'est plus que la sincérité de la conscience et la foi religieuse la bonne foi* ». Et Portalis ajoute un peu plus tard : « *Les principaux articles de la morale naturelle constituent le fond de toutes les Religions positives* ».

Ce qu'aura apporté le siècle des Lumières et que la Franc-maçonnerie contribuera largement à répandre, c'est avec la liberté de conscience, l'esprit de libre examen ; c'est d'utiliser sa raison pour penser ce monde et se forger un jugement. Et c'est à partir de là, la lutte contre l'ignorance, l'obscurantisme, les vérités toutes faites et les superstitions. C'est le combat pour répandre les savoirs dont l'Encyclopédie dressera le premier bilan. Ce monument au progrès et à la raison, édité, coïncidence, par le Franc-maçon Le Breton et qui condamne « *le fanatisme des Prêtres et les croyances ridicules* », sera officiellement suspendu un temps puis, on s'en doute, violemment attaqué par les jansénistes et les jésuites ; mais il est la référence intellectuelle qui contribuera à écrire l'histoire de la deuxième moitié du 18e siècle et sans doute au-delà.

Cependant l'histoire n'est pas un long fleuve tranquille et l'histoire de la laïcité moins que tout autre. Sous la Restauration, l'Église réinvestit le pouvoir et Guizot dira dans un brillant raccourci : « *Au nom de l'Église on déclarait la guerre à la société, la société rendit guerre pour guerre* ». Mais qu'on s'entende bien sur les mots. Il ne s'agit pas d'une guerre contre la religion catholique. Il s'agit d'une guerre d'influence, d'un conflit de pouvoir contre une prétention hégémonique du clergé sur les esprits qui combat les protestants et les juifs aussi bien que les républicains.

Le point névralgique de ce combat est bien évidemment l'école et la cléricalisation de l'enseignement. Et ce combat que des tentatives conciliatrices de part et d'autre avaient quelque peu calmé sous la Deuxième République, reprendra force et vigueur sous le Second Empire.

Mais les idées ont la vie dure et les hommes qui les répandent ne manquent pas de courage. Après 1870, quand l'Église s'alliera au Comte de Chambord pour tenter de restaurer la monarchie, les Français, plutôt que de sauver la France au nom du Sacré-Cœur, choisiront de sauver la République au nom de la Liberté.

Progressivement l'institution scolaire va se construire.

Déjà la loi Guizot de 1883 fait obligation de créer les écoles de garçons dans les communes de plus de cinq cents habitants. L'instituteur n'est encore que l'auxiliaire du curé et l'organisme de tutelle de l'école publique est encore le ministère des cultes. Mais en 1849, sous le titre « l'enseignement du peuple », Edgar Quinet défend l'établissement d'une « école laïque » « *où doivent s'enseigner l'union, la paix, la concorde civile au milieu des dissentiments inexorables des croyances et des Églises* » (Cité par Jean Bauberot). Le mot est enfin prononcé qui conduira à l'école laïque, gratuite et obligatoire de Jules Ferry.

Laïcité mais tolérance avec l'intention évidente de pacifier les esprits. Cette intention est clairement exprimée dans la lettre de Jules Ferry à « Monsieur l'Instituteur » où il est dit notamment: « *Au moment de proposer aux élèves une maxime quelconque, demandez-vous s'il se trouve à votre connaissance un seul honnête homme qui puisse être froissé de ce que vous allez dire et de bonne foi refuser son assentiment à ce qu'il vous entendrait dire.* ».

On n'est pas plus clair. Et claire aussi sa déclaration à la Tribune de la Chambre: « *Nous avons voulu la lutte anticléricale, mais la lutte antireligieuse, jamais* ».

Antisémitisme et anti-maçonnisme

En a-t-on fini pour autant? certes non!

L'opposition va se mobiliser autour de deux grandes idées: l'antisémitisme et l'anti-maçonnisme, qui atteindront leur apogée avec l'affaire Dreyfus.

En 1886, Édouard Drumont publie *La France Juive*. Protestants, juifs et Francs-maçons sont accusés d'un gigantesque complot qui vise à abattre l'Église catholique et la vraie France. Et le journal *La Croix* se déclare ouvertement le journal le plus antisémite de France.

Ce n'est donc pas sans mille obstacles encore qu'on combattra le pouvoir des congrégations sur l'enseignement pour aboutir enfin en 1905 à la séparation de l'Église et de l'État que malgré bien des oppositions encore, on finira par accomplir.

La République assure la liberté de conscience. Elle garantit le libre exercice des cultes ce que reprendra la constitution de 1958: « *La France est une République indivisible, laïque, démocratique et sociale. Elle assure l'égalité devant la loi de tous les citoyens sans distinctions d'origine, de race ou de Religion. Elle respecte toutes les croyances* ».

La messe était dite, si j'ose dire. La laïcité était rentrée dans les mœurs et même l'Église était satisfaite de sa séparation d'avec l'État. Si l'on excepte la douloureuse parenthèse de Vichy, la laïcité n'est plus remise en question jusqu'aux années quatre-vingt.

Le retour de l'obscurantisme

Au-delà des événements ponctuels de cette époque (interdiction du film *La Dernière Tentation du Christ*, de Scorsese, affaire des collégiennes de Creil…) se développa dans notre société un climat néo-obscurantiste qui conféra une valeur culturelle à des croyances et des superstitions qu'on croyait à jamais dépassées. Cinq siècles d'humanisme, de conquête de la connaissance et d'ouverture sur le monde oubliés… Cet humanisme qui a rassemblé des savoirs venus d'ailleurs et notamment du monde arabo-musulman. Faut-il rappeler qu'à Erasme et Rabelais on se doit d'associer Avicenne et surtout Averroès, ce médecin philosophe qui introduisit Aristote dans l'Occident chrétien et qui fut sans doute l'un des premiers et plus grands rationalistes avant Descartes, ce qui lui valut d'être condamné à la fois par l'Église et par l'Islam ?

Faudrait-il aussi oublier le siècle des Lumières, les conquêtes de la science et ce qu'elles ont apporté d'améliorations de la condition humaine pour accepter au nom de la liberté de penser qu'il n'est de connaissance que du sacré ?

Or voilà que s'accrédite aujourd'hui à Paris comme au Kansas que la théorie créationniste de l'univers a plus de validité que la théorie darwinienne de l'évolution des espèces. Et voilà aussi que l'horoscope fait son entrée en Sorbonne dans une thèse de sociologie. Je passe sur les médecines alternatives, les gourous d'importation garantie, Raël venu de l'espace et ses clones, et ce prétendu appétit de spiritualité considérée dans notre XXe siècle comme un produit de consommation. Cette déculturation, cette déliquescence intellectuelle qui sont les marques de notre société aujourd'hui constituent un magnifique terreau pour l'efflorescence des sectes et le retour au fondamentalisme religieux.

C'est notre faiblesse qui a permis que soit remise en cause la laïcité inséparable de l'égalité entre les hommes, de la pensée libre et de la fraternité du « vivre ensemble » c'est-à-dire l'existence d'une morale sociale et d'un ensemble de valeurs acceptables par tous par-delà les différences religieuses.

Mais essayons d'aller plus au fond du problème.

Le communautarisme ethnique ou religieux

Pour nous, Francs-maçons de la Grande Loge de France et à l'exemple de Protagoras, « *l'homme est la mesure de toutes choses* ». Nous considérons donc comme une marque de la personnalité l'affirmation identitaire d'un individu, son origine, sa tradition familiale et ce qu'il croit, qui sont constitutifs de lui-même, et relèvent de sa liberté qui n'est pas contestable. Ce qui est contestable, par contre, c'est la revendication identitaire qui s'exprime au nom d'une communauté d'où l'expression libre est exclue et qui s'exprime au nom de tous.

Mais qu'on m'entende bien. Je ne confonds pas communauté et communautarisme. Les milliers d'immigrés qu'a su accueillir la France, Juifs d'Europe centrale fuyant les pogroms, Espagnols fuyant le régime de Franco, Italiens, Portugais et bien d'autres sont naturellement allés vers ceux qui les avaient précédés dans le pays, trouvant ainsi une communauté de soutien dans la même appartenance. Les immigrés du Maghreb et d'ailleurs en ont fait tout autant, et qui pourrait les en blâmer ? Leur seul but était de se retrouver ensemble, de parler la même langue et de partager les mêmes coutumes.

Le communautarisme ethnique ou religieux est d'une autre nature. Il représente et lui seul la revendication identitaire au détriment de l'individu qui doit se soumettre à ses règles. Nous ne sommes plus dans la différence que la déclaration des droits de l'homme reconnaît à chaque individu mais face à une différence communautaire qui ne reconnaît que ses lois et au nom de la tolérance et de la liberté reproche à la République de ne pas respecter son choix.

Il faudrait ne pas voir pour cela que ce communautarisme est une structure d'enfermement où se cultive la haine des autres et l'ignorance terreau du fanatisme.

Il faudrait ne pas voir que la Religion, une autre cette fois, s'arroge le pouvoir de refuser la loi des hommes privilégiant sa morale religieuse par rapport à toute morale sociale.

Il faudrait admettre au mépris de tout progrès que les imams intégristes imposent leur nostalgie du passé comme une référence à l'éternel.

Et tout cela, à la mode du temps, au nom du multiculturalisme, vocable maintenu dans une ambiguïté qui permet d'y mettre tout et n'importe quoi, particulièrement ce qui n'a rien à voir avec la culture.

Et ce serait pourtant au nom d'une culture particulière qu'il faudrait admettre la condition inférieure dans laquelle les femmes sont tenues, le mari imposé par la volonté du père et la répudiation au gré du mari.

Culture aussi, sans doute, l'excision des petites filles ? Et Tarik Ramadan, vedette des médias et du Forum social européen, ardent défenseur de la *Chari'a* qui, à la question d'un journaliste sur la lapidation des femmes adultère, répond qu'il faudrait peut-être envisager un moratoire sur ce sujet !

Pour notre part, nous voudrions entendre des intellectuels musulmans qui ont une autre idée de ce qu'est leur culture et de la place de l'Islam dans le monde d'aujourd'hui.

Je pense notamment au Professeur Mohammed Arkoun que nous avons reçu dans cette maison, qui a été discrètement consulté par la Commission des Droits de l'Homme, mais n'a pas les honneurs de la télévision, non plus que tous les musulmans de France pour qui la tolérance n'est pas à sens unique et qui se satisfont d'exercer librement leur culte dans la patrie des Droits de l'Homme où ils ont choisi de vivre et dont ils sont les honnêtes citoyens. C'est à eux qu'on fait injure en ne défendant pas notre idée républicaine de la laïcité. Et c'est à eux qu'on fait injure en introduisant dans ce simulacre de Conseil musulman imaginé par le Ministre de l'Intérieur une majorité d'intégristes censés les représenter.

Il nous faut entendre aussi toutes ces femmes musulmanes qui à travers le monde luttent pour leur émancipation et distinguent, elles, avec lucidité, le port du voile comme signe d'asservissement et comme provocation politique.

Certes, il ne faut pas méconnaître les situations qui peuvent favoriser l'intégrisme religieux. On ne peut pas ne pas évoquer ce qu'on appelle pudiquement « les banlieues sensibles », foyers d'inégalités sociales et de chômage. Non plus que les conflits de ce monde. Je pense notamment au Moyen-Orient, qui renforce l'appartenance religieuse dans la haine de l'autre. Il appartient au pouvoir politique de faire en sorte que s'amenuise le sentiment d'exclusion dont se sentent victimes trop de jeunes musulmans dans notre pays. Il lui appartient de faire du principe d'égalité un principe d'action c'est-à-dire d'assurer dans les milieux les plus défavorisés l'égalité des chances ce qui ne signifie pas pour nous l'humiliante discrimination positive. Et c'est bien pourquoi l'école focalise une fois encore les questions de la laïcité.

Mais l'école a-t-elle rempli sa mission qui est d'instruire et pour cela, avant tout, donner l'outil, c'est-à-dire la maîtrise du langage ?

Il faut une langue pour s'approprier le savoir et une langue aussi pour apprendre à construire un raisonnement logique et à partir de là accéder à une culture où se fondent les différences.

La société laïque

Comment assurer l'égalité des chances quand on n'apprend pas le français à l'école et qu'on parle l'arabe à la maison ?

Depuis qu'il est interdit d'interdire et que le pouvoir de l'imagination doit l'emporter sur la sécheresse du raisonnement, on est allé de réforme en réforme qui n'ont abouti qu'à morceler les savoirs sans qu'aucune continuité ne contribue à les structurer. Le philosophe Vincent Cespedes dénonce ainsi : « *l'obscurantisme* (est) *diffusé aujourd'hui par l'école elle-même. Livrant l'individu à la société marchande, il joue un rôle central dans le développement de notre société d'abrutissement... L'école ne fournit plus les anticorps pour lutter contre la bêtise. On en revient presque à l'époque d'avant les Lumières, quand une classe religieuse asservissait les masses afin de préserver son pouvoir* ».

Ce constat sans complaisance doit nous faire réfléchir. Il nous faut reconstruire l'unité de la République, celle qui est chargée de faire des citoyens libres et responsables à qui les savoirs dispensés auront donné l'esprit de libre examen.

Il s'agit de mettre des enfants à l'abri de tout totalitarisme de la pensée, de toute vérité exclusive qui nierait la vérité des autres. Et pour cela il faut donner à nos maîtres toutes les possibilités de remplir leur mission. Des programmes cohérents, certes, mais aussi l'autorité qui leur est nécessaire et dans laquelle ils se sentiraient soutenus.

Il faut cesser de les considérer comme des prestataires de services qu'on rendrait responsables de tous les échecs et faire de l'école ce lieu de rattachement où se transmet le patrimoine culturel de l'humanité qui lie indissolublement l'Orient et l'Occident. Tel est le premier pas, l'indispensable jalon contre toute tentative d'enfermement communautaire.

L'école préfigure en quelque sorte la société laïque dans laquelle nous voulons vivre. Et nous savons que nous ne sommes pas prêts à renoncer aux libertés que nous avons si durement conquises au cours de notre histoire.

Nous sommes conscients que certains groupements religieux veulent tester notre résistance en invoquant les Droits de l'Homme qu'ils détournent à leur profit. Il nous faut donc rester fermes sur nos principes, sans dogmatisme et sans passion et sans ignorer la revendication d'égalité qui se dissimule souvent dans la revendication identitaire. Et nous pourrions dire comme le comte de Clermont-Tonnerre le disait à propos des juifs à l'époque de la Révolution : « *Tout pour le musulman en tant qu'individu, rien pour la communauté musulmane qui voudrait s'exclure du droit républicain* ».

Nous croyons, nous Francs-maçons, à des valeurs universelles qui transcendent les frontières, les ethnies et les croyances religieuses parce qu'elles sont les valeurs imprescriptibles de la condition humaine. Et nous croyons que ces valeurs peuvent nous rassembler au-delà de je ne sais quel fantasme identitaire.

Dans ce monde de violence et d'affrontements sanglants au nom de Dieu, et de la Religion, nous pensons que la fraternité qui est dans notre devise comme dans celle de la République est devenue une impérieuse nécessité à la survie de l'humanité. Il nous faut défendre l'idée que chaque homme, chaque femme, si différents qu'ils soient de nous, ont droit à une égale dignité, à un égal respect, qu'ils appartiennent à la même espèce et que de ce fait ils ne nous sont pas complètement étrangers encore moins nos ennemis. Cette fraternité universelle est la prise de conscience d'une communauté de destin entre tous les hommes et nous nous sommes donné mission de la faire prévaloir.

Si nous voulons accomplir notre vocation d'autorité morale et spirituelle dans le monde, il faut nécessairement que chaque Frère, chaque Sœur, soit imprégné de la mission qui lui incombe personnellement. Cette fraternité se fonde sur la tolérance, point de départ obligé pour la solidarité entre les hommes. Cette tolérance est acceptation de l'autre comme individu dans toutes les composantes de sa personnalité.

Il nous faut aujourd'hui réformer nos mentalités, sortir des oppositions dogmatiques aussi bien d'un rationalisme exclusif que d'une mystique désinsérée du monde.

Il nous faut une rationalité ouverte qui puisse « dialoguer avec le réel » et prendre en compte chez l'homme non seulement l'indispensable raison mais aussi l'imaginaire, le subjectif et le mythe qui sont indissociables de la pensée.

Il nous faut savoir que penser la complexité du monde nous ramène à une conception traditionnelle du tout et des parties où l'on ne peut plus opposer le moi et le non-moi, pas plus que le moi et l'autre.

C'est alors que la fraternité dépassant la famille, la communauté ou l'ethnie qui est fraternité des affinités électives peut devenir fraternité ouverte et solidarité de toute l'humanité. C'est là notre champ de réflexion qui doit être constamment retourné et ensemencé des diverses cultures. Et ce champ de réflexion doit devenir champ d'action ; celui d'une fraternité agissante qui vise à rassembler les bonnes volontés d'où qu'elles viennent si elles sont décidées à dépasser les barrières de l'hostilité ou de l'indifférence et prêtes à accepter la diversité des hommes pour réaliser l'union de l'humanité. « *L'Évangile de fraternité*, dit Edgar Morin, *appelle non plus à fractionner, à séparer, mais à relier* ». La fraternité est ainsi intrinsèquement religieuse au sens étymologique du terme.

Voilà ce qu'il nous faut comprendre aujourd'hui.

Voilà ce dont il nous faut convaincre les autres.

Humanisme et spiritualité

C'est sur ce socle que la Grande Loge de France édifie ce qu'elle appelle une Franc-maçonnerie humaniste et spirituelle.

Humaniste parce que rien de ce qui est humain ne peut lui être étranger, et spirituelle car si elle veut comprendre l'homme sous tous ses aspects, dans toutes ses dimensions, elle ne peut pas l'amputer de sa dimension spirituelle ; si l'homme est, à l'image de l'univers, une totalité cohérente, alors cette aspiration confuse à ce qui le dépasse et le transcende ne peut se séparer de l'ensemble qu'il constitue.

La spiritualité est pour nous un chemin personnel jalonné par les questions qu'on se pose sur sa raison d'être et sa place dans l'univers. L'ordre maçonnique n'a pas vocation à définir ce chemin ni à en marquer les étapes. Mais à cette aspiration confuse, il veut donner un sens et une totale liberté d'expression et d'interprétation hors du carcan des dogmes.

Plutôt que révélation venue d'en haut, la Franc-maçonnerie est recherche de la vérité dans une démarche ascendante vers la lumière de toutes choses. Elle affirme l'existence d'un principe ordonnateur du chaos originel dans une genèse indéfiniment recommencée, concept unifiant qui met en harmonie l'organisation des ensembles et des structures observables de ce monde. Et ce principe, ce concept unifiant, nous lui donnons le nom symbolique de Grand Architecte de l'Univers, expression même de la tolérance, de la liberté de conscience et de la liberté de penser. Chacun pourra donner son interprétation personnelle, Dieu révélé, ou seulement ce quelque chose qui ordonne la matière et organise le vivant.

Mais admettre ce principe d'ordre, c'est dire aussi que nous sommes parties prenantes dans l'ordre du monde, que nous en sommes les indispensables rouages. C'est dire que la création n'a pas été l'instant unique, l'acte unique d'un Grand Architecte de l'Univers, mais seulement l'acte inaugural d'une construction dont nous sommes les nécessaires ouvriers et que nous sommes chargés de poursuivre pour qu'elle ne sombre pas dans le chaos et dans la mort.

Telle est notre conception de la laïcité. Une laïcité ouverte, loin de l'athéisme stupide et de l'embrigadement fanatique. Une laïcité qui rassemble au lieu de séparer et qui relie les hommes sans asservir les âmes.

Nos différences étant clairement reconnues, nous pouvons les dépasser pour réaliser une œuvre commune.

Il me semble en effet que les hommes ne manquent pas qui sont convaincus qu'il nous faut aujourd'hui civiliser la terre et arrêter l'escalade de la barbarie. Il nous faut une stratégie pour une véritable politique de l'homme. C'est pourquoi notre prétention à l'universalisme, à nous Maçons, ne nous est jamais apparue plus nécessaire pour apporter le message de tolérance et de paix entre les hommes. Mais ce message doit être aussi porteur d'action.

Contre les dangers auxquels nous sommes confrontés il nous faut pratiquer ce que j'appelle une fraternité d'ingérence, c'est-à-dire un universalisme concret qui sache partout défendre la condition humaine. Il nous faut, partout où les hommes sont asservis dans nos sociétés et ailleurs, répandre une certaine conception de l'homme, de ses droits, de ses devoirs et de sa dignité. Il nous faut semer et cultiver ces valeurs qui sont les nôtres, et il nous faut essaimer pour que ces valeurs génèrent des actions sur le terrain.

Face aux montées de la barbarie et de la violence et sans méconnaître les difficultés et les handicaps à surmonter, nous devons être les parieurs de l'impossible. Tant de choses ont paru impossibles voire utopiques dans l'histoire, à commencer par la Déclaration des Droits de l'Homme et du Citoyen ! Et la Franc-maçonnerie, jusqu'aujourd'hui, a toujours été de ces combats.

Face aux intégrismes religieux il nous faut dire que la raison de Dieu ne justifie jamais la mort ne serait-ce que d'un seul homme.

Aux religions, nous pouvons dire avec Emmanuel Levinas que c'est à partir « *des relations morales que toute affirmation métaphysique prend un sens spirituel* ». Nous avons dû il y a un siècle ou presque demander à l'Église catholique de relire les Évangiles et de rendre à César ce qui est à César et à Dieu ce qui appartient à Dieu. Disons aujourd'hui aux religions qui voudraient s'arroger un pouvoir temporel que leur royaume ne saurait être de ce monde.

Quand à la laïcité, elle ne peut et ne doit être, par-delà les croyances religieuses et les diversités culturelles dans une totale liberté de penser et une égalité sans faille, qu'une religion de l'altérité.

Car c'est dans le regard de l'autre que se lisent la communauté de destin et la dignité de la condition humaine.

« Le centre est immuable » - gravure de 1702

Points de Vue Initiatiques

Au sommaire du prochain numéro

Dossier : Le Sens de l'Initiation
Coordonnateur : Alain Pozarnik
Connaissance de soi :
La Fraternité en question - Robert de Rosa
Renaissance de l'Être intérieur - Henri Gallois
Devenir un Homme - Jean-Emile Bianchi
L'action dans le monde - François Bénétin
La Transmission en Loge - Jean-François Pluviaud
Histoire :
Le Convent de Lausanne - documents historiques - André Lesbros
Symbolisme :
La marche de l'Apprenti - Luc Stéphane
Regard sur l'Obédience :
Les rapports entre Obédience et Juridiction - Pierre Vaireaux
Conférences du Cercle Condorcet-Brossolette :
La démarche initiatique à la GLDF - Jean-Claude Peltier
Radio : la Grande loge de France vous parle
Livres